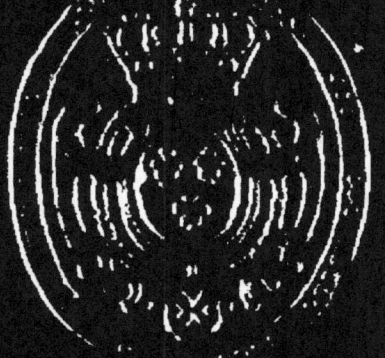

ŒUVRES
DE PIRON.

Y. 5545. 8°
H-10.

ŒUVRES
COMPLETTES
D'ALEXIS PIRON,
PUBLIÉES

Par M. RIGOLEY DE JUVIGNY,

Conseiller honoraire au Parlement de Metz, de l'Académie des Sciences & Belles-Lettres de Dijon.

TOME CINQUIÈME.

A PARIS;

DE L'IMPRIMERIE DE M. LAMBERT,
rue de la Harpe, près Saint Côme.

M. DCC. LXXVI.

LE MARIAGE DE MOMUS,

OU LA GIGANTOMACHIE,

OPÉRA-COMIQUE EN TROIS ACTES;

Représenté par les Marionnettes de la Troupe de FRANCISQUE, à la Foire Saint-Laurent, en 1722.

PERSONNAGES.

JUPITER.
JUNON.
MARS.
APOLLON.
MERCURE.
MOMUS.
MORPHÉE.
MINERVE.
VÉNUS.
UN MARI.
UNE FEMME.
UN FILS DE FAMILLE.
UN MARCHAND.
UN POËTE.
UN SAGE.
SILÈNE.
DEUX MINISTRES D'UN TEMPLE.
LA FOIRE, *Personnage muet.*

LE MARIAGE DE MOMUS,
OPÉRA-COMIQUE.

SCÈNE PREMIÈRE.

Le Théâtre représente l'Olympe, où Jupiter, Junon, Mars, Vénus, Minerve, Morphée, Apollon & Mercure, paroissent endormis, en différentes postures.

MOMUS, *après les avoir quelque temps considérés en riant.*

On voit bien que je ne viens plus ici ; on y seroit plus éveillé. Comme tout ronfle, malgré l'approche des Géans ! Faut-il s'étonner que tout aille là-bas sans dessus dessous ! Comment la terre ne seroit-elle pas un hôpital d'Incurables, quand le Ciel en est un de Quinze-vingts ? Hola, ho ! Morphée !

LE MARIAGE DE MOMUS,

Air : *Y-avance.*

Fuis loin d'ici, Dieu du repos !
Si tu veux verser tes pavots,
Vas sur les théâtres de France !
Y-avance ! y-avance, y-avance !
Vas y regner en mon absence.

MORPHÉE.

Je n'saurois.
L'on n'y fait jamais silence !
J'en mourrois.
Vous m'envoyez-là dans un plaisant endroit, pour y établir mon empire pacifique : parmi des sifflets & des battemens de mains !

MOMUS.

Oh ! la Police a défendu, l'un ; & le bon goût, l'autre. Vas, n'entends-tu pas l'ennui qui t'appelle : Adieu.

SCÈNE II.

TOUS LES DIEUX ENDORMIS.

Momus.

Air: Réveillez-vous belle endormie.

Réveillez-vous, troupe endormie !
Réveillez-vous, voici le jour,
Où tous les Géans, en furie,
Vont assiéger votre séjour.

JUPITER, *poussant Junon.*

Air connu.

Quelle heure est-il, Margot ?
  Quelle heure est-il ?
Tu dors comme un sabot ;
Ma petite Mignonne,
Tu dors comme un sabot.

JUNON.

C'est tant pis pour Margot.

MOMUS.

Air : *Vas-t'en voir s'ils viennent, Jean, &c.*

Quoi ? Dans un profond repos,
Tous les Dieux se tiennent ?
Quand tous les Géans, en gros,
Vont tout-à-l'heure....

JUPITER, *à Mercure.*

A propos ;
Vas-t'en voir s'ils viennent,
Jean,
Vas-t'en voir s'ils viennent.
[*Mercure sort*].
Ah, je n'en puis plus ! je suis roué !

MOMUS.

Qu'avez-vous donc ? Auriez-vous fait hier la débauche ?

JUPITER.

Air, *Des Trembleurs.*

Non ; mais on me fit sur terre,
Pour amuser le Parterre [1],

---

[1] Il étoit arrivé, à l'Opéra qui se jouoit pour lors, que la machine d'un Jupiter avoit manqué d'une façon très-plaisante.

Descendre avec mon tonnerre,
Chez Monseigneur l'Opéra !
Ce coquin là m'assassine :
Au Diable soit sa machine !
J'ai mal encore à l'échine,
Tant elle me cahota.

MOMUS.

Pour cela vous êtes bien patient. Ce Monsieur de l'Opéra ne mériteroit-il pas bien qu'on le traitât, comme les drôles qui nous assiégent ? L'insolence est égale, après tout, à faire descendre le Ciel en terre, comme il fait ; ou à faire monter, comme ceux-ci, la terre au Ciel. Mais voyez donc Mars, comme il dort ! Eh, Monsieur le brave ! alerte !

MARS.

Ah, cadedis ! où sont-ils ? Cape de bious ! que jé lez ébentre ! Qui bibe ! (*Il frappe sur tous les dieux*) Ah, Messieurs excusez ! jé rébois.

MOMUS.

C'est bien le temps de dormir, quand il faut

jouer des couteaux. Eh fi ! quelle honte ! un jeune éveillé comme vous !

MARS.

Air : *Robin turelure.*

Éveillé pendant la paix ;
Oui, c'est la vérité pure :
Mais quand le péril est près,
Turelure,
La chose n'est pas si sûre ;
Robin turelure lure.

MOMUS.

Il est franc maintenant, parce qu'ils n'est plus temps de faire le brave, quand il faut l'être tout de bon ; & vous, Madame Junon, vous dormiez aussi de bon cœur, pour une femme jalouse, dont le Mari venoit de l'Opéra.

JUNON.

Air : *Lonlanla deriri.*

Oh ! j'entends à présent raison !
Qu'on me soit infidéle ou non,
Lonlanla derirette

C'en est fait; j'ai pris mon parti.
Lonlanla deriri.

MOMUS.

Cela ne voudroit-il pas dire que vous avez tiré Ixion des enfers, & que la vengeance, votre péché mignon, vous aura rendue flexible ?

JUNON.

Insolent ! à qui parles-tu ?

MOMUS.

A la femme d'un mari volage.

JUNON.

Quand ce seroit ce que tu crois; en suis-je réduite à des roués ?

MOMUS.

Pardonnez, je n'ai manqué qu'au choix du vengeur. Je mets, de tout mon cœur, un Dieu sur votre compte.

JUNON.

Ah ! passe encore !

JUPITER.

Comment ! passe encore ? Tout doucement ! je ne le passe pas moi.

LE MARIAGE DE MOMUS;

JUNON.

Taisez-vous ! il a raison. Je vous conseille de mettre ici votre nez. C'est bien à vous à parler, quand.....

JUPITER.

Quand... quand... quand... quand... quoi quand ?

VÉNUS.

Ah ! quel cancan ! ne sauroit-on crier plus bas ? Me voilà réveillée en sursaut ; c'est pour avoir le teint plombé, pendant vingt-quatre heures.

MOMUS.

Vous vous êtes endormie en bonne compagnie ? Comment ? à côté de Mars, d'Apollon, de Mercure ?

Air : Des Fraises.

Quoi ? Vénus dormir ainsi ?
D'où vient cette réforme ?

VÉNUS.

Quand ils ronflent tous ici,
Hélas ! il faut bien qu'aussi
Je dorme, je dorme, je dorme.

MOMUS.

Et vous, Minerve, êtes-vous comme Vénus ? N'êtes-vous sage que quand vous dormiez ? Sus ! sus !

VÉNUS.

Air : *Quand le péril est agréable.*

Souffrez, Momus, qu'elle sommeille,
Elle me cause mille ennuis.
Ah ! je n'aime point qu'où je suis,
　La Sagesse s'éveille.

MOMUS.

Oh, ça, pour nous tenir éveillés, en attendant que Mercure nous apporte les Gazettes, dansons : qui danse ici le mieux de nous autres ?

MARS.

Par la sambleu ! c'est moi !

APOLLON.

Ah ! je crois que le Dieu des Invalides, ne le voudra pas emporter sur le Dieu de la cadence !

[*Ils veulent danser tous deux à la fois & se choquent.*]

MARS.

Monsieur le Dieu de la cadence, qui voulez danser malgré le Dieu de la guerre; prenez garde qu'il ne vous fasse danser malgré vous.

APOLLON.

Le Brutal !

MARS.

Le Benêt !

APOLLON.

Tout bellement, Monsieur Matamore [1].

MARS.

Tout bellement, vous-même, Monsieur Bobinet.

APOLLON.

Venez me demander des places, au temple de Mémoire ; venez.

MARS.

Venez me chercher pour vous escorter, les soirs, à la rue Froimanteau.

---

[1] M. de L..., aujourd'hui M. de G..., avoit repoussé de ce mot-là quelques vivacités de M. de S... : c'étoit l'histoire du jour.

APOLLON.

Si je prends une plume ?

MARS.

Si je prends un bâton....

APOLLON.

Gare un Vaudeville !

MARS.

Gare les épaules. Mais, mon petit Seigneur du Pinde, songez-vous bien que vous vous attaquez au Dieu de la guerre ; que je ne cueille pas de lauriers de cabinet, & que, qui vaut toute une armée, peut bien nasarder un Dieu de papier mâché comme vous.

APOLLON.

Et vous, songez que vous parlez au Dieu de la Médecine ; que, si vous pouvez exterminer des armées, il peut, sans coup férir, & seulement avec du 1 Vinache, dépeupler l'Univers ; & que

---

1 Sorte de tisane du nom du Charlatan, qui la distribuoit, & qui faisoit de très-bons & de très-mauvais effets, comme font tous les spécifiques de pareilles mains.

tout brave que vous êtes, je vous ferai tourner le derrière, quand il me plaira.

JUPITER.

Paix ! vous danserez l'un après l'autre, & Momus jugera de la supériorité des dispositions.

Après qu'ils ont dansé l'un après l'autre, Momus prononce, en chantant la Chanson, Jean danse mieux que Pierre.

MARS.

Comment, coquin, est-ce ainsi qu'on donne à rire à mes dépens ?

MOMUS.

Je fais mon métier. A propos, de métier, jouons pour nous amuser, au jeu qu'on appelle le métier deviné. Je vais faire des gestes qui caractériseront un métier ; & celui qui le devinera prendra ma place, & donnera à deviner aux autres.

JUPITER.

Commence.

[*Il saute & pleure*].

APOLLON.

C'est un Comédien de la troupe de Francisque.

Apollon prend la place de Momus. Il va & revient majestueusement, brankant les deux bras sur les hanches, battant des timbales avec les talons, touchant à sa perruque, nasillonnant, & chantant sur le ton de la vieille déclamation.

MARS.

Voilà de vos Héros, Mons Mercure; cela saute aux yeux; c'est un Comédien François. [*Il prend la place d'Apollon, & lui dit*] : Appelle-toi, pour un moment, Ronsard.

APOLLON.

Que cela veut-il dire ?

MARS.

Fais ce que je te dis.

APOLLON.

Eh bien, je m'appelle Ronsard.

(*Mars lui donne un grand soufflet*).

MOMUS.

Oh, pour celui-là ; c'est parler françois. C'est un Comédien Italien.

(*Il reprend sa première place ; & s'endort*).

TOUS LES DIEUX.

Quel diable de métier est-ce là ?

MOMUS.

Bon ! ne voyez-vous pas là le chanoine, ou le Juge à l'audience ?

[*Il se met à faire le canard, à braire, à mugir, & contrefait le cri de plusieurs animaux*].

Quoi ! personne ne devine celui-ci ? Pas même vous, Seigneur ?

JUPITER.

Non.

MOMUS.

Eh ! c'est votre métier.

JUPITER.

Écoute, Momus, je suis bien las de tes plaisanteries. Je suis assez grand Seigneur, pour ne pas aimer

aimer à m'entendre dire mes vérités ; & tu me les mets toujours devant le nez ! à la fin....

MOMUS.

Oh, cela vient de ma belle humeur, je ne puis me refondre.

Air : *De la Tétard.*

Je sais pourtant un secret,
Qui, pourvu que l'on m'en croye,
Rabattra bien mon caquet.

JUPITER.

Dis vite, que je l'employe.

MOMUS.

Mariez, mariez, mariez moi !
L'Hymen est un rabat-joie.
Mariez, mariez, mariez-moi,
Vous me verrez bientôt coi.

Car je vois que tout gaillard que vous êtes, vous n'osez souffler devant votre femme.

JUPITER.

Eh bien, tu n'en seras pas dédit. Tu croyois railler, je te prends au mot ; je le veux ; & quand ? Tout-à-l'heure.

LE MARIAGE DE MOMUS,

MOMUS.

Patience ! attendez donc que je voie, & que j'aime auparavant la femme que je prendrai. Je ne suis pas assez grand Seigneur, pour ne vouloir pas savoir ce que je fais.

JUPITER.

Air connu.

Aux armes, camarades !
L'ennemi n'est pas loin ;
J'entends le tocsin.

MERCURE.

Air : *Voici les Dragons qui viennent.*

Voici les géants qui viennent.

MARS.

Messieurs, sauvons-nous !

MERCURE.

Ils baisent notre portière.

JUNON.

Ils me baiseront, mon Père !

MINERVE.

Et moi, itou !

OPÉRA-COMIQUE. 19

VÉNUS, *sautant de joie.*

Et moi itou! & moi itou! & moi itou!

Tous les Dieux & les Déesses s'enfuient, & l'Olympe disparoît.

B ij

ACTE II.

SCÈNE PREMIÈRE.

Le Théâtre représente Memphis sur les ailes; & dans le fond est un Temple, d'où sortent deux Sacrificateurs.

DEUX MINISTRES *du Temple de la Vertu.*

PREMIER MINISTRE.

Ferme le temple, ami; l'heure des offrandes est passée, & nous n'y avons plus rien à faire.

SECOND MINISTRE.

Dis donc aussi que nous n'y avons rien fait; ô siècle! ô mœurs! n'avoir pas étrenné!

PREMIER MINISTRE.

Quoi! pas le moindre denier, pas le moindre poulet, pas la moindre poulette?

SECOND MINISTRE.

Rien. Nous le méritons bien. De quoi nous

sommes-nous avisés aussi, de nous faire Ministres du temple de la Vertu ?

PREMIER MINISTRE.

Pourquoi ? J'aurois cru m'enrichir là, plus que partout ailleurs. Je n'entendois parler que de cette Déesse, & je croiois que l'on ne sacrifioit qu'à elle.

SECOND MINISTRE.

Le sot ! qui ne l'a crue méprisée que de lui !

PREMIER MINISTRE.

Il est vrai, j'ai été la dupe de mes pareils ; & je me suis imaginé qu'il n'y avoit qu'un hypocrite au monde. J'en suis bien revenu, & s'il n'y a point de temple si renommé, il n'y en a point non plus de si désert.

Air : *Quand le péril est agréable.*

Personne ne nous importune ;
Nous y dormons tout à loisir.
Hélas ! nous devions bien choisir
   Celui de la Fortune ;

B iij

LE MARIAGE DE MOMUS,

SECOND MINISTRE.

Peste, oui ! les hommes courent à celle-là bien autrement, qu'à la Vertu.

Air : *Tout cela m'est indifférent.*

Eh, comment n'auroit elle pas
Pour les insensés des appas ?
Puisque souvent, le puis-je dire ?
Cette Déesse, par ses dons,
A la puissance de séduire,
Celle même que nous servons.

PREMIER MINISTRE.

Et les Ministres du temple de Thémis, sont-ils bien leurs moissons ?

SECOND MINISTRE.

De Thémis ?

PREMIER MINISTRE.

Oui.

SECOND MINISTRE.

Air : *Vous m'entendez-bien.*

Songe donc à ce que tu dis,

PREMIER MINISTRE.

Je dis le temple de Thémis,

SECOND MINISTRE.

Tu parles comme un âne.

PREMIER MINISTRE.

Eh bien :

SECOND MINISTRE.

Dis donc de la chicane.

PREMIER MINISTRE.

Ah, je t'entends bien.

SECOND MINISTRE.

S'ils font bien leurs moissons ? Tudieux ! que ne suis-je à leur place ? Ils sont gras à lard, ceux-là. Diable ! c'est à qui courra vers eux. Et le moyen qu'on les déserte ! les frères & les sœurs, les maris & les femmes, les voisins, tout se plaide; & chaque moitié du monde y vient, par conséquent, prier contre l'autre.

Air : *Flon, flon, &c.*

Cependant les Ministres,
D'une main de cagot,
Griffonnent leurs régistres;

De l'autre, comme il faut :

[*Faisant l'aſtion de rafler de l'argent.*]

Flon, flon, &c.

PREMIER MINISTRE.

Ah ! que n'ai-je donné-là ! c'étoit bien mon vrai ballot.

SECOND MINISTRE.

Que de belles dispositions perdues !

PREMIER MINISTRE.

Cependant, il n'y a plus que le Temple de la Vertu qui manque de Sacrificateurs : toutes les places sont prises ailleurs ; il faut bien s'en tenir à notre Déesse. Comment faire ?

Air : *Des Pélerins.*

Partons, ami ; cherchons sans cesse,
Quelque séjour,
Où l'homme, pour notre Déesse,
Ait plus d'amour.
Ne reposons qu'où nous verrons
Ces gens d'élite !

SECOND MINISTRE.

Mon pauvre ami, nous vieillirons,
Et mourrons loin du gîte !

[*Ils sortent.*]

SCÈNE II.

JUPITER, MOMUS.

JUPITER.

Quoi! te voici en Egypte aussi-tôt que moi? Comment as-tu fait pour me suivre, toi que j'ai vu se transformer en mouche, au moment que je prenois la forme d'un aigle!

MOMUS.

Le Nain s'est mis sur les épaules du Géant. Je me suis mis sur votre queue. Je crois bien que vous n'en avez rien senti. Je ne pèse pas tant que Ganimède.

JUPITER.

Voilà une voiture bien noble, pour un drôle comme toi.

MOMUS.

Vous aviez belle peur, toujours.

JUPITER.

A quoi le jugeois-tu? A la rapidité de mon vol?

Air : Qu'un beau pigeon à tire d'aile.

Il falloit bien, à tire d'ailes,
Échapper à des mains rebelles.

MOMUS.

Non-seulement pour ces raisons;
Mais c'est qu'en volant vers ces rives,
Vous faisiez des réflexions
Qui m'ont paru bien laxatives.

[*Il dit ce dernier vers en se serrant le nez.*]

Vous m'avez terriblement affligé l'odorat pendant la route. Oh çà, voilà toute votre Cour égarée. Qu'allons-nous faire ici durant notre *incognito* ?

JUPITER.

Comment se seront-ils échappés ?

MOMUS.

En vous imitant. Chacun d'eux a pris la forme d'une bête. L'un s'est changé en oiseau; l'autre, en cerf; celui-ci, en lièvre; celui-là, en autre chose : il n'est forme d'animaux qui n'ait revêtu quelque Divinité; si vous en exceptez l'écrevisse & la tortue.

OPÉRA-COMIQUE.

JUPITER.

Sais-tu quelle forme aura prise Mercure ?

MOMUS.

Vous deviez prendre celle d'un butor ; & quelle forme vouliez-vous qu'il prît, qui valût mieux que la sienne ? N'a-t-il pas des ailes aux talons : c'est l'équipage d'un peureux. Parlons de nos affaires ; nous voilà de jolis garçons. Nous n'avons plus ni feu ni lieu. Plus de nectar, plus d'ambroisie. Ouf ! ce souvenir me donne déjà la maladie du pays.

JUPITER.

Patience ! mon enfant ; les Géans se lasseront bientôt de ma place. Qu'ils soutiennent le poids de l'univers : ils ont l'Olympe sur les bras, & ce n'est pas peu de chose.

MOMUS.

Mais, en attendant qu'ils le mettent à terre, nous allons passer un fâcheux *interim*.

JUPITER.

Et pourquoi ? dès que les hommes me reconnoîtront, ils me feront un accueil dont tu profiteras.

MOMUS.

Fort bien. Je ne dirai plus, de quelqu'un que je connoîtrai : je le connois, comme si je l'avois fait.

JUPITER.

Que veux-tu dire ?

MOMUS.

Vous avez fait les hommes ; & vous ne les connoissez pas mieux que cela ? Voilà qui prouve bien que vous ne saviez guères ce que vous faisiez, quand vous les formâtes.

Air : *Je croyois, en aimant Colette.*

Le plus sage de cette engeance
Seroit plutôt agenouillé
Devant un sot dans l'opulence,
Que devant un Dieu dépouillé.

Allez, le jour que vous les fîtes, vous fîtes une belle besogne.

JUPITER.

Il est vrai que ce jour-là, j'avois un peu fessé mon nectar.

MOMUS.

Et les pendards vous fessent à cette heure.

JUPITER.

Qu'eût-ce été si je me fusse avisé le lendemain de prendre du poil de la bête?

MOMUS.

Eh! qu'auriez-vous pu faire de pis? Quant aux bêtes; encore passe: on voit bien que vous aviez cuvé le nectar, quand vous les créâtes.

JUPITER.

Oh, tais-toi. Suffit que je suis toujours le plus fort; & laisse-moi faire, je saurai leur apprendre qui je suis.

MOMUS.

Vous ferez bien de montrer les dents, pour peu qu'il vous en reste, à ces canailles là; car ma foi, avec eux, malheur aux vaincus!

JUPITER.

Tiens; voici déjà des supplians; c'est ma présence qui agit.

MOMUS.

Ah, voilà de nos gens! ils demandent: mais, pour remercier; néant.

SCÈNE III.
JUPITER, MOMUS, UN MARI.

LE MARI.

O Monarque puissant!....

JUPITER.

Laissez-là mes titres.

LE MARI.

Vous qui pouvez tout.

JUPITER.

Je le sais.

LE MARI.

Accordez-moi une grâce.

JUPITER.

Parlez?

LE MARI.

Si jamais la ferveur, fit exaucer une prière; la mienne est exaucée.

JUPITER.

J'aime cette confiance. Que souhaitez-vous? Des richesses?

LE MARI.

Non.

JUPITER.

De la santé ?

LE MARI.

Non.

JUPITER.

De la gloire ?

LE MARI.

Encore moins.

JUPITER.

De l'esprit ?

LE MARI.

J'en ai.

JUPITER.

Que voulez-vous donc que je vous donne ?

LE MARI.

Rien.

JUPITER.

Je vous entends : vous voulez, au contraire, que je vous ôte....

LE MARI.

Justement.

JUPITER.

Votre femme....

LE MARI.

Ou la vie.

SCÈNE IV.
JUPITER, MOMUS, LE MARI, UNE FEMME.

LA FEMME.

O PUISSANT Fils de Saturne !

Air : L'Amour me fait, lonlanla.

Mon mari m'embarrasse,
Je ne le puis souffrir.

JUPITER.

Que voulez-vous qu'on fasse,
Comment vous secourir ?

LA FEMME.

Faites-le moi….
Lonlanla,
Faites-le moi….

JUPITER.

Courage ! il n'y a plus qu'un petit mot de rien.
Après : Que je vous le fasse…..

LA FEMME, *achevant l'air.*

Faites-le moi mourir.

JUPITER.

Ne le seroit-ce pas là, par hasard ? votre cher mari.

TOUS DEUX ENSEMBLE.

Plût à Dieu!

JUPITER.

Vous vous aimez donc apparemment ?

MOMUS.

Non ; mais ils s'adorent, en pensant aux personnes à qui ils sont liés.

SCÈNE V.

UN ENFANT DE FAMILLE,
& les Acteurs de la Scène précédente.

L'ENFANT DE FAMILLE.

Air : La Ceinture.

Vous voyez, ô Dieu tout-puissant !
Un fils de famille à la mode ;
De qui le père est opulent,
Et ce père est vieux comme Hérode.

JUPITER.

Air : La faridondaine.

Que voulez-vous, mon cher enfant ?
Il faut que tout vieillisse.
Vous voudriez apparemment,
Que je le rajeunisse ?

L'ENFANT DE FAMILLE.

Gardez-vous en bien ! diable, non !
La faridondaine, la faridondon,

Apprenez que je suis un fils,
Biribi,
A la façon de Barbari,
Mon ami.

JUPITER.

J'entends très-bien, vraiment, je ne plaindrai plus tant les Veuves & les Orphelins, en voyant des gens, qui ne souhaitent rien tant que de le devenir.

UNE VOIX, *derrière le théâtre.*
Air: *Des Pélerins.*
Hélas! je crois que tout s'accorde,
Pour m'affliger!

SCÈNE VI.

UN MARCHAND, & les Acteurs de la Scène précédente.

LE MARCHAND.

Suite de l'air.

O Jupiter ! miséricorde !
Viens me venger.
La malignité du destin
Me désespère.

JUPITER.

Tu n'es qu'un menteur ! je te remets ! tu es un importun : je n'entends que toi chaque jour ; je t'accorde sans cesse des grâces. Biens, santé, gloire, belle femme, beaux enfans, tu as de tout.

LE MARCHAND, *achevant l'air.*

Oui ; mais faut-il qu'à mon voisin,
Comme à moi, tout prospère ?

SCÈNE VII.

UN POETE, & les Acteurs de la Scène précédente.

LE POËTE.

O toi dont le sourcil fait trembler l'Univers ! Redoutable môteur !

MOMUS.

Ah, voici la langue de notre pays ! nous allons entendre de belles choses.

LE POËTE.

Redoutable môteur, de qui le bras terrible,
Gouverne absolument la terre & les enfers ;
Abandonnez ce soin, inutile & pénible.

JUPITER.

Pour quoi faire ?

LE POËTE.

Pour faire applaudir à mes vers.

MOMUS.

Morbleu, c'est trop souffrir de mauvaises demandes! souffrez que mon bâton réponde un mot.

JUPITER.

Attends, écoutons auparavant celui-ci, qui m'a la mine d'en être plus digne que les autres.

SCÈNE VIII.

UN SAGE, & tous les Acteurs de la Scène précédente.

LE SAGE.

L'INTÉRÊT ne doit pas animer nos prières,
Mon cœur est comme un autre; il se laisse charmer
  De l'éclat des vaines chimères;
  Les vœux ne me manqueroient guères;
  Mais, je n'oserois en former,
  De peur qu'ils ne me soient contraires.

JUPITER.

Voilà un sage mortel; allez, vous faites bien, de vous en rapporter à moi; j'aurai l'œil à vos besoins; Momus, je vous recommande les autres.

MOMUS, *les frappant.*

Air : *La Lampone, ou belle Brune.*

Sotte engeance !
Sotte engeance !

SCÈNE IX.
SILÈNE, JUPITER, MOMUS.
SILÈNE.

Fin de l'air des Fraises.

Victoire ! victoire ! victoire !
A nous, père des Dieux, à nous !
C'est à vos redoutables coups,
Que du triomphe entier, se réserve la gloire.

JUPITER.

Que dis-tu, Silène ? Quelles nouvelles y a-t-il donc ?

SILÈNE.

Air : *Le fameux Diogène.*

Ce baudet pacifique,
Par un coup héroïque,

A tout fait reculer :
La troupe gigantesque,
D'une façon burlesque,
Vient de dégringoler.

MOMUS.

Ah, ah! oui ? Et conte-nous un peu ça ?

SILÈNE.

La charge avoit sonné ; vous aviez pris la fuite ;
Et la céleste troupe, à l'âne & moi, réduite,
N'avoit plus pour ressource, en des maux si pressans,
Que quelque pétarade, & mes cris impuissans.
Tiphon paroît déjà ; Mimas, après lui grimpe :
Leur front terrible touche, au parvis de l'Olympe.
Ma bourrique frémit, d'épouvante & d'horreur ;
Mais, bientôt cet effroi, devient une fureur.
En vain je tiens la bride à sa fougue héroïque ;
Une guêpe, à la fesse, en ce moment le pique ;
Sa rage, en notre honneur, commence un beau combat.
Il pète, il ronfle, il rue, il bondit, il abbat ;
Par la queue un instant, le grand Typhon l'arrête ;
Mais, le fier Peccata, pan ! le frappe à la tête :

OPÉRA-COMIQUE.   41

Et les monts l'un sur l'autre, entassés aujourd'hui,
Géans, patipata, tout culbute avec lui.
De Pégaze, à son dos, attachant les deux ailes,
Je viens, toujours volant, vous porter ces nouvelles;
Et d'un si beau succès, le cœur énorgueilli,
Vous ceindre du laurier, que mon âne a cueilli :

JUPITER.

Que dis-tu de ceci, Momus?

MOMUS.

Ce que je dis ? Que vous ne mettrez peut-être plus, comme vous faisiez, les Héros au-dessus du bel-esprit. Y a-t-il maintenant de la comparaison ?

JUPITER.

Que veux-tu dire ?

MOMUS.

Vous m'entendez assez, si vous voulez m'entendre. Quand j'ai fait une bonne Satire, la dois-je au hasard ? Non.

Air : De Joconde.

Mais pour pouvoir en faire autant,
  Il faut avoir ma tête ;

Il n'en sortiroit jamais tant,
De celle d'une bête.
Au lieu qu'un triomphe éclatant,
Des Héros le partage,
Peut, comme on voit, très-aisément,
D'un âne être l'ouvrage.

JUPITER.

Eh fi! ton raisonnement fait pitié! vas, vas dire cela aux hommes. Tu seras bien reçu; selon toi, Mars est donc bien au dessous d'Apollon?

MOMUS.

Assûrément! aussi-bien que moi, fort au-dessus d'Hercule. Et qu'a-t-il donc fait? Battu des bêtes! Moi, je combats les vices, qui sont bien d'autres monstres que ceux à qui il avoit affaire; & je le prouve, 1°....

SILÈNE.

Vous nous direz cela une autre fois; mon Ane n'a pas le temps de vous entendre. Il n'a pas mis un grain d'avoine, aujourd'hui, dans sa bouche; il est temps de le mener à l'étable.

JUPITER.

A l'étable ? Je prétends bien qu'il dîne aujourd'hui avec les chevaux du Soleil.

SILÈNE.

Ah, trop d'honneur ! un âne ?

MOMUS.

Eh ! ce n'est pas le premier que j'aurai vu dîner avec des chevaux. On ne voit que des Auteurs à la table des Financiers.

[*Après une danse, assez longue pour donner le temps à un âne affamé d'avaler un picotin ; on amène celui de Silène, couronné de laurier, & l'on chante*] :

PARODIE D'ARMIDE.

Ah ! que Martin l'âne est aimable !
Ah ! qu'il est redoutable !
Que son triomphe est glorieux :
D'une seule ruade, il a sauvé les Cieux.

ACTE III.

SCÈNE PREMIÈRE.

[Le Théâtre change, & représente l'Olympe, comme au commencement de la Piéce].

JUPITER, JUNON ET MOMUS.

JUPITER.

Air : *Qu'un beau pigeon.*

Messieurs, nous n'aurons plus de guerre.
J'ai mis tous les Géans par terre ;
Et Typhon leur Chef à quia.
Pour long-temps, le drôle est en chartre :
Sa tête est sous le Mont-Æthna ;
Et ses deux pieds, dessous Montmartre.

MOMUS, *aux Déesses.*

Vous ne craignez donc plus,
Beautés un peu trop sages,
Qu'on fasse à vos vertus,
D'agréables outrages ?

JUNON.

Et zon, zon, zon,
Dansons, sage Minerve.

MINERVE.

Et zon, zon, zon,
Dansons, Dame Alizon.

JUNON.

Air: *On n'aime point dans nos forêts.*

Si j'en avois cru mon courroux,
Quand on s'est mis à ma poursuite,
J'aurois bien puni mon époux;
Il ne méritoit pas ma fuite.

JUPITER.

Pourvu qu'elle ait fui seulement,
N'importe pourquoi, ni comment.

Oh ça ! retirez-vous tous. (*à Momus*) Toi, demeure, Momus, tous mes ennemis ne sont pas défaits ; il m'en reste un dont je suis bien las.

MOMUS.

Il faut l'envoyer après les autres.

JUPITER.

Un téméraire, qui m'insulte impunément tous les jours.

MOMUS.

Comment diable ! il ne faut pas souffrir cela.

JUPITER.

Un coquin dont je suis le jouet.

MOMUS.

Et qui est donc ce drôle-là ?

JUPITER.

C'est celui que je songeois à marier, quand les Géans sont venus.

MOMUS.

Ah ! je me reconnois ! ouidà, rentrons en matière. Nous étions au choix d'une femme, telle qu'il me la faut. Laissez-moi rêver.

JUPITER.

Il n'y a point à rêver. J'ai choisi pour toi.

MOMUS.

Tout doucement ; je n'en veux pas prendre une de la main de mon Maître : cela est bon pour des valets de Fermiers-Généraux.

JUPITER.

Mais, tu sais bien que, qui choisit, prend souvent le pire.

MOMUS.

Oh, ne nous arrêtons pas à cela; en fait de femmes, choisissez, ne choisissez pas, vous ne prenez jamais rien qui vaille.

JUPITER.

Air: *Ma raison s'en va bon train.*

Des trois Grâces tu peux choisir,
Celle qui te fera plaisir.

(*Momus secoue la tête*).

Quoi, tu ne veux pas,
Avec tant d'appas
Qu'on voit briller en elles?

MOMUS.

Et c'est justement pour cela :
Il m'en faut de moins belles ;
Lon-la
Il m'en faut de moins belles.

Tout le monde seroit coëffé de ma femme : & Dieu sait, si je le serois bientôt!

JUPITER.

Air : Dedans nos bois, il y a un Hermite.

Diane, aux yeux, n'a pas tant de quoi plaire,
Unis-la donc à toi.

MOMUS.

Je n'en veux point.

JUPITER.

D'où vient?

MOMUS.

[*Il continue l'air.*]

Endymion, s'il veut être sincère,
Vous peut dire pourquoi.
Ce beau Garçon ne s'est jamais plaint d'elle.
J'aime une Pucelle, moi,
J'aime une Pucelle.

JUPITER.

Ah! je t'entends! Pourvu que tu aies une Pucelle, tu t'embarrasses peu de l'âge & de la beauté. Attends un moment, & laisse faire; tu auras à choisir. Mercure!

SCÈNE

SCÈNE II.

JUPITER, MERCURE, MOMUS.

JUPITER à *Mercure*.

Air : *Frère Andouillard.*

PARTEZ, mon Fils ! volez vîte, de grâce,
Sur le Mont Parnasse,
Ou sur l'Hélicon,
Pour y voir Apollon.
Vous lui direz qu'il vienne & qu'il amène,
Avec Melpomène,
Thalie & Clio.

MOMUS.

Ah ! le joli trio !

Eh fi ! que voulez-vous faire de ces trois Bavardes-là ? On n'y pourra pas tenir. Il vaudroit mieux rappeler ici le Dieu du Sommeil.

JUPITER.

Elles ne sont ni belles ni jeunes; mais pour pucelles, elles ont une renommée qui se passe bien de ceinture dorée: & elles méritent cette renommée; car bien du monde les poursuit, sans que personne en approche.

SCÈNE III.

JUPITER, MOMUS, MERCURE, APOLLON.

JUPITER.

Déjà de retour?

MOMUS.

Oh, diable! Tout va vîte ici; les Dieux & les chevaux ont des ailes.

MERCURE.

Le Seigneur Apollon entroit ici comme j'en sortois. Il se fait bien sentir pour le Dieu de la Médecine; sa seule approche est purgative. En voilà des effets que je lui rends. [*Il fait un gros pet au nez d'Apollon.*]

MOMUS.

Fi, le vilain! Tu donnes-là de bel encens au nez du Dieu des Vers!

MERCURE.

Il vaut bien celui qu'il donne.

JUPITER.

Seigneur Apollon, je vous mandois, pour vous prier de donner Melpomène, en mariage, à Momus.

APOLLON.

De bon cœur. Aussi bien est-ce une vieille radoteuse, qui ne sert plus de rien au Parnasse. Nous avons seulement un petit obstacle à lever auparavant; c'est qu'elle crèvera plutôt que d'épouser Momus.

MOMUS.

O la belle affaire! que cela ne vous embarrasse pas; j'y sais un bon remède. C'est que quand elle le voudroit, j'aimerois mieux être mille fois pendu, que d'y consentir.

APOLLON.

Tubleu! vous faites bien le dégoûté, Seigneur

Momus. Savez-vous bien qu'elle se refuse à mille & mille honnêtes gens qui la recherchent, malgré les crevasses que le temps a faites à sa beauté?

Air : *Des Trembleurs.*

Et bien, que la pauvre fille,
Aille avec une béquille;
Elle a plus d'une cheville,
Pour boucher tous ces trous-là.

MOMUS.

Je m'amaigrirois la trogne,
A côté d'une Carogne,
Qui, sans cesse pleure & grogne,
Pour moi je veux rire: ha! ha! ha! ha!

APOLLON.

Elle ne laisse pas de chanter aussi quelquefois. Par exemple, n'avez-vous jamais été à l'Opéra?

MOMUS.

Il est vrai qu'elle chante là.

Air : *Dondaine.*

Mais j'aime mieux le carillon,   bis.
De la Samaritaine,
Dondaine, dondaine,

Que tout le faux bourdon
De Melpomène.
Air : *Din, dan, don.*
Et puis, qu'est-ce qu'un Opéra,
Qui, de deux jours l'un, se taira ?
Au lieu que toute la semaine,
On entend la Samaritaine ;
Din dan don, dan din dan don,
C'est bien un autre carillon.

JUPITER.

Ne l'écoutez pas ; c'est un fou. Donnons-lui Thalie, cela lui conviendra mieux.

APOLLON.

Oh ! elle est bien loin !

JUPITER.

Eh ! où est-elle ?

APOLLON.

Air : *Ah ! qu'il est beau l'oiseau.*
Et que sais-je où diable elle va ? *bis.*

---

1 Allusion aux Comédiens Italiens, qui s'étoient venus établir à la Foire S. Laurent, & qui n'y faisoient rien, quoiqu'ils y eussent le privilége exclusif de la parole.

Elle est en Italie,
Thalie, Thalie.

MOMUS.

Une femme aller là!
Quelle folie?

APOLLON.

Elle devroit en être revenue, en effet, depuis long-temps, pour ce qu'elle y fait.

Air : *Sans dessus dessous.*

Dans ce pays-là, me dit-on,   bis.
Elle jette un vilain coton,   bis.
La Pauvrette est sur la litière,
Sans dessus dessous, sans devant derrière :
Les bourreaux me la mettent tous,
Sans devant derrière, sans dessus dessous.

JUPITER.

Il faut la tirer de là.

APOLLON.

Elle est opiniâtre comme une mule; elle veut y rester contre vent & marée. Mais pourtant qu'à cela ne tienne, je l'aurai quand je voudrai.

Elle plaira bien à Momus pour femme, celle-là, car elle veut toujours rire.

MOMUS.

Oh, mais toujours aussi ; ce sont bien des affaires.

APOLLON.

Il ne faut pas vous vendre chat en poche. Elle a un petit défaut.

MOMUS.

Et quel ?

APOLLON.

C'est qu'elle veut parler toute seule où elle est.

MOMUS.

Qu'entendez-vous, Seule ? Elle seule veut parler ? Ou veut-elle parler sans Auditeurs ?

APOLLON.

L'un & l'autre ; mais je voulois dire seulement le premier. Elle est là-dessus d'une jalousie Italienne ; & si quelqu'un de la compagnie ose prendre le dez, elle est femme à lui verrouiller le bec du revers de sa main.

MOMUS.

Qu'elle aille au Diable ! je suis né, parole en gueule, aussi bien qu'elle ; & je prétends avoir mon tour, comme un autre.

APOLLON.

Elle mérite bien qu'on lui fasse cela, en faveur d'une qualité bien rare dans une femme ; qualité qu'elle possède, en un souverain degré.

MOMUS.

Qu'est-ce que c'est ?

APOLLON.

C'est qu'elle n'est ni vaine ni délicate sur les titres & le logement. L'intérêt du ménage la détermine à tout, sur cette article-là.

Air : *Pierre Bagnolet.*

C'est une excellente économie,
Logez-la haut, logez-la bas ;
Vous verrez avec plaisir, comme
Elle ne fait, sans les ducats,
    Pas plus de cas, *bis.*
D'un hôtel, que d'un jeu de paume ;
D'un palais, que d'un galetas.

MOMUS.

Oui ; cela est commode dans une femme, & surtout pour moi, qui ne saurois me plaire qu'en de Petites-Maisons.

APOLLON.

Mais, il vous faut tout dire ; elle a encore un défaut.

MOMUS.

Comment ? Cela ne finira pas ?

APOLLON.

Elle est si vieille, qu'elle en est décrépite, & qu'elle radote. Elle ne dit plus que de vieux contes du temps passé, ou que des nouveautés extravagantes.

MOMUS.

Et fi, fi ! du nouveau ! du nouveau, & du beau, ou point d'affaire.

APOLLON.

Mais, elle a aussi l'avantage sur ses sœurs, de posséder deux langues [1].

---

[1] Les Pièces vieilles étoient en Italien, & tous les Polissons leur en faisoient, en François, qui tomboient, comme les miennes ; *& quidem meritò*.

MOMUS.

Deux langues! tirez, tirez; je voudrois une femme, au contraire, qui n'en eût point du tout.

APOLLON.

Eh! que ne parlez-vous; vous allez être servi. Holà Mercure! vas nous chercher la dixième Muse.

MOMUS.

Qui est donc celle-là? Je n'en ai pas ouï parler.

APOLLON.

C'est une Muse encore toute-neuve; jolie comme l'Amour, gaie, badine, amusante, vous serez charmé de cette pantomime.

MOMUS.

Quel âge?

APOLLON.

Vingt ans.

MOMUS.

Et elle est muette?

APOLLON.

Muette, & vive comme un poisson.

MOMUS.

Son nom?

APOLLON.

La Foire. Elle est fille de Bacchus & de Vénus. Elle tient de son père, pour le feu; & de sa mere, pour les grâces.

MOMUS.

C'est dommage pourtant qu'elle soit muette : & cela lui vient-il de naissance ?

APOLLON.

Non ; elle jasoit comme une pie dénichée ; quand Thalie, jalouse, comme je vous l'ai dépeinte, lui coupa la langue, au grand regret de nous tous : tenez, la voici. Avez-vous jamais rien vu de si riant ?

SCÈNE IV & dernière.

JUPITER, MOMUS, APOLLON, LA FOIRE.

MOMUS, *après que la Foire a dansé.*

Air : *Des Fraises.*

AH ! grands Dieux ! que j'entrevoi
De plaisir & de gloire,
D'avoir tant d'appas à soi !
Ah, Jupiter ! donnez-moi
La Foire... [*trois fois*].

JUPITER.

Volontiers. Je te la donne.

MOMUS.

Ahi ! ahi ! ahi ! ouais ! aïouf ! ah le ventre, je n'oserois [1] péter par respect pour mes chausses. Ce n'est pas cette Foire là que j'entends : c'est celle-ci.

---

[1] Il faut se souvenir que ce sont ici des Marionnettes, & sur-tout Polichinelle qui parle.

OPÉRA-COMIQUE.

JUPITER.

Que ne t'expliquois-tu ? Prends-la : je le veux bien. Que te faut-il encore ?

MOMUS.

M'ôter la première & la donner à Thalie.

JUPITER.

Sois content ; elle l'aura avec les nouvelles de ton heureux mariage. Que tous les Dieux le viennent célébrer.

[*Après la danse, on chante les couplets suivans.*]

Air : *De M. L'ABBÉ.*

MOMUS.

TRIOMPHEZ de vos malheurs,
Mortels : égayez vos cœurs.
C'est Momus qui vient vous le dire.
Lire, Lire, Lire.
Plus de soupirs, ni de pleurs ;
Les Dieux nous ont faits pour rire.

VÉNUS.

ÉCOUTE-MOI, jeune Amant,
Qui folâtre vainement,

Avec celle où ton cœur aspire,
Lire, lire, lire.
Agis sérieusement,
Quand tu la verras sourire.

APOLLON.

Je le vois bien : mon Phébus
N'est qu'un ridicule abus ;
Je suis prêt à rompre ma lyre,
Lire, lire, lire.
Les jolis tats de Momus,
Valent mieux que mon délire.

JUPITER, à la FOIRE.

Vos grandes sœurs ont bien tort,
De vous mépriser si fort :
Chez Melpomène l'on soupire,
Lire, lire, lire.
Et chez Thalie on s'endort.
La Foire seule fait rire.

FIN.

COLOMBINE-NITÉTIS,

PARODIE

EN TROIS ACTES;

Mêlée de Prose & de Vaudevilles.

Représentée par les Marionnettes de la Troupe de FRANCISQUE, à la Foire Saint-Laurent, en 1722.

PERSONNAGES

DU PROLOGUE.

PIERROT.

LE DOCTEUR.

ARLEQUIN.

POLICHINELLE.

PROLOGUE.

PROLOGUE

SCÈNE PREMIÈRE.

PIERROT, *en Tonnelet*, LE DOCTEUR.

[*Le Docteur rit de toutes ses forces, en regardant Pierrot.*]

PIERROT.

Eh bien ! Docteur, qu'as-tu donc tant à rire ?

LE DOCTEUR, *riant toujours*.

Pierrot avec un Tonnelet à la Romaine ! Quel diable d'équipage est-ce-là ?

PIERROT.

Celui d'un Héros de théâtre. Tudieu ! c'est que j'ai l'air noble ; moi !

LE DOCTEUR.

Peste, oui ! mais encore, où vas-tu, avec cette guenille héroïque ?

PIERROT.

Jouer le rôle de Psammenite dans Nitétis.

PROLOGUE.

LE DOCTEUR.

Dans Nitétis! est-ce qu'on joue ici cette Tragédie? Voici un plaisant théâtre pour cela!

PIERROT.

Oui, Docteur, on l'y joue; non pas tout-à-fait mot pour mot; mais dans son vrai sens au moins.

LE DOCTEUR.

Eh de quoi diable vous avisez-vous, de représenter Nitétis?

PIERROT.

C'est pour consoler le Public de son absence.

LE DOCTEUR.

Et tu fais Psammenite? Toi!

PIERROT.

Oui, moi, moi-même! pourquoi non?

LE DOCTEUR.

En bonne foi, je n'aurois jamais cru, que tu fusses du bois dont on fait les Héros.

PIERROT.

Oh que si. Depuis que nos Auteurs dramatiques s'avisent d'en faire à leur tête, on trouve qu'ils me ressemblent tous, plus qu'à ceux dont ils portent le nom.

LE DOCTEUR.

Pierrot, Psammenite ! (*Il rit*).

PIERROT.

N'étois-je pas, l'an passé, Prince Romain ? Me voilà Prince d'Egypte ; & la Foire prochaine, j'espère être Prince Portugais.

LE DOCTEUR, *riant toujours*.

Le Prince Pierrot ! mais sérieusement compère, un benêt, un nigaud comme toi, ose-t-il jouer les rôles de ces Princes ?

PIERROT.

Vraiment, ce n'est point moi qui joue leur rôle : c'est à eux que l'on fait jouer le mien.

LE DOCTEUR.

Vous verrez que les Tragédies seront tout-à-l'heure des Parodies de Marionnettes. Et Polichinelle ; est-ce lui qui fait Cambise ?

PIERROT.

Oh, non; il ne parle que du gosier. S'il n'eût parlé que du nez, ç'auroit bien été notre affaire.

E ij

SCÈNE II.
PIERROT, LE DOCTEUR, ARLEQUIN.

ARLEQUIN, *courant de tous côtés.*

Quartier ! miséricorde ! sauvez-vous, sauvez-moi ! cachons-nous.

PIERROT.

Qu'est-ce que c'est donc compère ? Qu'y a-t-il ?

ARLEQUIN.

Tout est perdu, tout est . . . . .

PIERROT.

Poursuis ! que veux-tu dire ?

ARLEQUIN.

Je meurs de peur.

PIERROT.

Je le sens bien, compère ; dis donc, pourquoi ?

ARLEQUIN.

Polichinelle . . . .

PROLOGUE.

PIERROT.

Eh bien, Polichinelle ; parle ! après !

ARLEQUIN.

Polichinelle veut tout tuer, tout égorger, tout massacrer.

PIERROT.

A cause !

ARLEQUIN.

Ahi ! ahi ! ahi ! je n'en reviens pas.

PIERROT.

Rassure-toi donc, compère, & dis-nous....

ARLEQUIN.

Tiens, compère, tâte-moi le pouls ! on m'ouvriroit les quatre veines, qu'on ne m'en tireroit pas une goutte de sang.

PIERROT.

Je le crois bien. Mais, dis-nous donc quelle mouche pique Polichinelle ?

ARLEQUIN.

Il est dans une fureur de Diable, parce qu'on ne lui a point donné de rôle dans Nitétis.

E iij

PROLOGUE.

PIERROT.

Et quel rôle auroit-il voulu jouer là, avec son baragouin ?

ARLEQUIN.

Celui de Truchement du Roi Cambise, auprès d'Amasis.

PIERROT.

Il lui en auroit fallu un auprès du Public.

ARLEQUIN.

Ah, je l'entends ! le voici ! sauve qui peut !

[*Il s'en va*].

SCÈNE III.

PIERROT, LE DOCTEUR, POLICHINELLE.

POLICHINELLE, *entre en furie, & bat le Docteur & Pierrot.*

AH, ah, maroufles! Comment, canaille! vous jouerez des Tragédies sans moi!

LE DOCTEUR.

Ah, mon cher compère!

POLICHINELLE, *les battant toujours.*

Moi qui suis le Chef de la Troupe!

PIERROT.

Pardon, mon compère.

POLICHINELLE.

Je ne paroîtrai donc chez vous, qu'en peinture & sur la toile?

PIERROT.

Mon cher compère! quel rôle pourriez-vous

faire, dans une Tragédie, avec votre air, & votre voix qui ressemble au bruit du vinaigre, qu'on met dans une léchefrite !

POLICHINELLE.

Et, ne fis-je pas bien l'an passé, le Grand-Prêtre, dans Romulus ?

PIERROT.

Ah ! compère, pardonnez-nous cette fois-ci. Nous vous promettons qu'à la première Tragédie, vous aurez un rôle de Roi.

POLICHINELLE.

Songez-y ; sinon, j'abandonne la Troupe ; & je vais m'offrir à l'Opéra. Serviteur.

SCÈNE IV.

LE DOCTEUR ET PIERROT.

LE DOCTEUR.

SI Polichinelle fait les Rois, quel rôle aurai-je, moi ?

PIERROT.

Tu feras la Princesse, toi !

LE DOCTEUR.

Fort bien ; oh çà, vas commencer ton rôle. Adieu.

PIERROT.

Est-ce que tu ne vas pas rester ici.

LE DOCTEUR.

Non, je vais aux trois Commères [1] ; on dit que les compères qui ont travaillé après ces commères-là, sont d'habiles gens.

---

[1] Opéra-Comique, fait en société par le SAGE, DORNEVAL & PIRON, dont la meilleure & la plus amusante partie est de PIRON. Voyez le Dictionnaire des Théâtres, Tome II, page 134, Édition de 1747.

PROLOGUE.

PIERROT.

Diable, oui.

LE DOCTEUR.

On dit pourtant, qu'ils ont mis chacun quinze jours à faire le premier & le troisième Acte, qui ne valent rien.

PIERROT.

Oui; mais, ils n'ont pas mis un moment à faire le second, qui est le meilleur.

LE DOCTEUR.

Que dit-on de la Pièce, en général ?

PIERROT.

On dit, qu'elle ne vaut rien; mais qu'elle plaît, au fond.

LE DOCTEUR.

Comment, que veux-tu dire, qu'elle plaît au fond.

PIERROT.

Eh oui, elle plaît tout au fond de la loge.

LE DOCTEUR.

Ah, j'entends : le théâtre & le parquet s'y ennuient.

PROLOGUE.
PIERROT.

Oui, & tout le plaisir est pour l'Amphithéâtre, où j'ai vu des gens de toutes les couleurs, en sortir très-contens.

LE DOCTEUR.

Je vais savoir qu'en dire. Adieu, Seigneur Psammenite.

PIERROT.

Adieu, Dona Ignés. Je vous souhaite un bon sommeil. Pour vous, Messieurs & Dames :

Air : *Pierrot se plaint que sa femme.*

>VENEZ à votre ordinaire,
>Nous trouverons le moyen,
>De divertir & de plaire,
>Ne désespérez de rien ;
>Des bons compères,
>Faits comme nous, valent bien
>Les trois Commères.

Fin du Prologue.

PERSONNAGES.

CAMBISE, *Roi de Perse.*

AMASIS, *Roi d'Egypte.*

PSAMMENITE, *Prince d'Egypte.*

THIAMIS, *Confident de Psammenite.*

LA REINE, *Veuve d'Apriès, Roi d'Egypte.*

NITETIS, *Fille d'Apriès & de la Reine.*

PHANÈS, *Parent d'Apriès.*

UN SUISSE.

UN PERSAN.

La Scène est à Memphis, dans le Palais d'Amasis.

COLOMBINE-NITETIS,

PARODIE
EN UN ACTE.

SCÈNE PREMIÈRE.

PHANÈS, THIAMIS, *qui sera bien poudré.*

PHANÈS.

Air : *Éveillez-vous, Belle endormie.*

C'est Phanès qui s'offre à ta vue :
Ne connois-tu plus ton ami ?

THIAMIS.

Hélas ! c'est que j'ai la berlue !
Et je ne vois plus qu'à demi.

Air : *Non, je ne ferai pas, ce qu'on veut que je fasse.*

Deux ans sont écoulés, depuis le jour funeste,
Que mes yeux sont privés de la clarté céleste.

PHANÈS.

On diroit, te voyant si frais & si dispos,
Que tu sors d'une boîte, & non pas des cachots.

THIAMIS.

Air : *O Messager fidèle.*

Fleur des amis fidèles,
Que veut dire ceci ?
Dis-moi donc les nouvelles :
Qui donc commande ici ?

PHANÈS.

Cher ami, rendons grâce
A la Déesse Isis,
Cambise est à la place
Du cruel Amasis.

THIAMIS.

Cambise !

PHANÈS.

Oui,

Air : *Comme un coucou que l'amour presse.*

Par lui Memphis vient d'être prise ;
Quoi ! tu gémis, gros animal ?

PARODIE.

THIAMIS.

Passer d'Amasis sous Cambise ;
C'est tomber de fièvre en chaud mal.

PHANÈS.

Pourquoi ?

THIAMIS.

Air : *Laire la laire lanlaire.*

Cyrus ne se pouvoit souler,
Des flots du sang qu'il fit couler ;
Le fils est pire que le père,
   Laire la,
   Laire lanlaire,
   Laire la,
   Laire lanla.

Vous ne connoissez pas Cambise, quand vous dites cela, Cambise, cruel ! lui !

Air : *Hélas, c'est bien sa faute.*

Ah, que le monde est médisant !   *bis.*
Cambise mérite à présent,   *bis.*
   Qu'autrement on le nomme ;
Hélas ! on dit qu'il est méchant !

NITÉTIS,

Et c'est un si bon homme
Lonla,
Et c'est un si bon homme !

THIAMIS.

Mais, l'histoire en parle pourtant d'une autre façon.

PHANÈS.

Bon ! l'histoire ; nous ne suivons plus l'histoire, depuis que l'histoire est passée, à l'Opéra, dans les culottes du Centaure.

Air : *Allons gai, d'un air gai.*

Sa valeur ne s'exerce,
Que pour venger le Roi ;
Il n'est venu de Perse,
Que pour l'amour de moi.
Allons gai, d'un air gai, toujours gai.

Tiens, le voici ; tu vas voir s'il n'est pas bon Prince. Écoute.

SCÈNE

SCÈNE II.

CAMBISE, PHANÈS, THIAMIS.

CAMBISE, à Phanès.

Air : *Tarare pompon.*

EH BIEN, retrouves-tu ce cher ami qui t'aime ?
Tout triomphant ; j'en suis, au milieu de ma Cour,
Dans une peine extrême ;

PHANÈS.

Il voit encor le jour.....

CAMBISE, *montrant Thiamis.*

Est-ce là ?

PHANÈS.

C'est lui-même !

CAMBISE, à Thiamis, *finissant l'air.*

Bon-jour.

(*à Phanès*).

Eh bien, Phanès ?

PHANÈS.

Eh bien, Seigneur ?

CAMBISE.

Air : *Quand Iris prend plaisir à boire.*

Amasis est sous ma puissance ;
Par où veux-tu que je commence,
Pour punir les maux qu'il t'a faits ?

PHANÈS.

Turelututu dégaine ! dégaine, dégaine !
Turelututu dégaine ! dégaine ton coutiau.

Air : *Et zon, zon, zon, Lisette, la Lisette.*

Qu'on étripe son fils !
Que sa fille on égorge !
Que du sang d'Amasis,
Tout le Palais regorge !
Et zon, zon, zon,
Qu'on coupe à tous la gorge !
Et zon, zon, zon,
Sire, point de pardon !

CAMBISE.

Volontiers ; mais auparavant,
Qu'on aille à la Conciergerie,

PARODIE.

Pour y chercher un bon vivant,
Dont le bras m'a sauvé la vie:
Ma foi j'allois passer le pas.
Eh! morbleu, ne le vois-je pas?

SCÈNE III.

CAMBISE, PHANÈS, PSAMMENITE.

CAMBISE, *à part.*

Air: *Quand le péril est agréable.*

Oui, c'est ce Captif qui s'avance,
Dont la bonté me dégagea.
Messieurs, comptons; voici déjà
 Une reconnoissance.
Payons sa générosité.

  (*à Psammenite*)

Je te remets en liberté.
Viens t'employer à mon service!
Passe sous l'étendart Persan!
Après avoir vu le supplice,
De la famille du Tyran.

PSAMMENITE.

Air : *Les adieux du Parlement.*

Quoi, vous tueriez tout, sans exception ?
Tout le sang d'Amasis doit se répandre ?

CAMBISE.

Il subira la peine du talion :
Phanès le veut ; Je ne puis m'en défendre.

PSAMMENITE.

Air : *Vous m'entendez-bien.*

Ah, percez le pére & le fils,
Mais, ne percez pas Nitétis ;
Hélas, c'est une fille !

CAMBISE.

Eh bien ?

PSAMMENITE.

Si belle, & si gentille.....
Vous m'entendez-bien !

CAMBISE.

Non, non, point de quartier tout périra.

PARODIE.

PSAMMENITE.

Air : *Quand le péril est agréable.*

N'est-ce pas, pour votre vengeance,
Assez de mon père & de moi ?

CAMBISE.

Quoi ? Vous êtes le fils du Roi ?
Autre reconnoissance !
Oh, je ne dis plus rien ; puisqu'Amasis est votre père.

Air :...

Je lui rends le jour & l'Empire,
Et veux l'embrasser aujourd'hui ;
Adieu.

PSAMMENITE.

Mais, n'allez pas lui dire,
Que j'aime plus ma sœur que lui.

SCÈNE IV.

PSAMMENITE, & un Confident.

PSAMMENITE.

Air : *Ah, que la paresseuse Automne.*

Ah, que cette aimable personne,
Cause de trouble en mon esprit !

LE CONFIDENT.

Qu'a votre amour qui vous étonne ?
Dans nos loix n'est-il pas écrit,
Qu'on peut unir la sœur au frère ?

PSAMMENITE.

Je n'en savois rien ; grandmerci !
Je vais en instruire mon père,
Et ma sœur qui l'ignore aussi.

SCÈNE V.
CAMBISE, PHANÈS.

CAMBISE.

Air : *Pauvre Hermite.*

CAMARADE, veux-tu m'en croire ?
Soyons doux,
Oublions tous,
Les sujets de courroux,
Ne songeons plus qu'à rire, à folâtrer, à boire ;
Cela vaudra mieux pour nous.

Air : *Les Fraises.*

N'ensanglantons plus nos bras,
Montrons de la clémence ;

PHANÈS.

Mon épouse est morte, hélas !
Et je n'en tirerois pas
Vengeance, vengeance, vengeance !

CAMBISE.
Air : *La bonne aventure, ô gué.*
Quoi, faut-il pour son trépas,
Pleurer sans mesure ?
Combien j'en sais qui, tout bas,
Chanteroient en pareil cas,
La bonne aventure, ô gué, la bonne aventure !
PHANÈS.
Air : *Qu'un beau pigeon à tire d'aile.*
Seigneur, mon ame rancuneuse,
A votre bonté généreuse,
N'ose plus long-temps s'opposer.
CAMBISE.
Ah! ne vantes pas ma clémence !
On ne la doit pas tant priser.
Elle ne vient pas d'où l'on pense.
Air : *Avez-vous, cher Rigaud.*
Tu vois un Roi malheureux,
Amoureux
De la sœur de Psammenite.
Depuis le haut jusqu'en bas,
Que d'appas,

PARODIE.
Pour une blonde d'Égypte!
PHANÈS.
Dieux, qu'entends-je !
CAMBISE.
Air : . . . .

Je ne l'ai vu qu'un seul petit moment ;
Et je me sens tout, je ne sais comment.
PHANÈS.
Air : *La Ceinture.*

En un moment, de pareils feux
L'ame peut-elle être saisie ?
Cambise devient amoureux,
Comme on tombe en apoplexie.

Air : *La Troupe Italienne.*

Ainsi donc à ma haine,
Grâce à ce bel amour, rien ne s'immolera :
Se dédit-on sans peine,
Faridondaine, lonlanla,
La chienne de Bohemienne,
Faridondaine, la payera.

SCÈNE VI.

CAMBISE, UN SUISSE, PHANÈS.

LE SUISSE.

Air : Les Fraises.

UN CRANT femme pie est là,
Noir & blanc sur le fentre,
Quand Monsieur Sire foudra,
Ce plaisant Dame, il verra :

CAMBISE.

Qu'elle entre, qu'elle entre, qu'elle entre !

SCÈNE VII.

CAMBISE, LA REINE, PHANÈS.

LA REINE.

Air : Des Pendus.

OR ÉCOUTEZ petits & grands,
L'histoire d'un grand accident :
Sous une épaisse & noire voute,

PARODIE.

Depuis quinze ans, je ne vois goutte,
Et tout ce temps s'est écoulé,
Sans qu'à personne j'aie parlé.

PHANÈS.

Diable, voilà le pis cela, pour une femme
& encore pour une femme pie.

CAMBISE.

Air : *Tu croyois en aimant Colette.*

Je vous promets mon assistance.
Parlez ; mais n'allez pas sur moi,
Vous venger de ce long silence :
Et toi, Phanès, retire-toi.

LA REINE.

Phanès! Dieux, qu'entends-je ?

Air : *Les Trembleurs.*

Est-ce une vision ? oufle !
L'étonnement me boursoufle.
Ah, je respire, je soufle !
C'est lui! c'est Phanès ; hélas!

Il ne se remet pas les traits de mon visage, tant je suis devenue laide & vieille.

Elle continue l'air.

Notre beauté n'est qu'un souffle,
L'escarpin devient pantoufle :
C'est pourtant moi ; quoi, maroufle,
Tu ne me reconnois pas ?

PHANÈS.

Air : *Quand le péril est agréable.*

Ah, pardonnez-moi ! je commence,
Oui... non... sifait... c'est elle... ah, Dieux !
Madame Apriès, en ces lieux !

CAMBISE.

Autre reconnoissance.

Air : *Joconde.*

Ça, Madame que voulez-vous ?

LA REINE.

Qu'on punisse la rage,
Du meurtrier de mon époux ;

PHANÈS.

Vengez notre veuvage ;
Par la main du même brutal,
Ma pauvre femme est morte :

PARODIE.

CAMBISE.

Suis-je donc un vengeur banal ?
Le Diable les emporte !

Air : *Frère André disoit à Grégoire.*

Je veux qu'ici l'on vous révère :
Adieu. Phanès en prendra soin.

LA REINE.

Est-ce là ce que de si loin,
En Égypte, il est venu faire ?

PHANÈS.

Sauve ! sauve ! sauve ! je vois Amasis ;
Qui feroit peur aux plus hardis.

Avec sa perruque noire qui ressemble à celle du Suisse de la rue aux Ours.

SCÈNE VIII.
AMASIS, PSAMMENITE.
PSAMMENITE.

Air : *Robin Turelure.*

Mon père enfin, Dieu merci,
Votre ame est un peu moins dure,
Et vôtre cœur adouci,
Turelure,
Ne soutient plus la gageure,
Robin turelure.

AMASIS.

Ah, mort ! ah, tête ! ah, ventre ! ah, sang ! ah, chien de Cambise, si je te tenois seul, en quelque coin, moi cinquième....

PSAMMENITE.

Air : *Vous qui vous mocquez par vos ris.*

Qu'entends-je, ô Dieux ! jamais vit-on
Déguisement semblable ?
Vous avez demandé pardon,

PARODIE.

Au vainqueur pitoyable ;
Vous étiez doux comme un mouton,
Vous voilà pis qu'un Diable.

AMASIS.

Air : *Je n'saurois.*

Mon fils quand le sort nous plonge
Dans les maux où tu me vois ;
La franchise est un vain songe,
La fraude sied bien aux Rois.

PSAMMENITE.

Je n'saurois,
Si j'avois dit un mensonge,
J'en mourrois.

AMASIS.

Air : *Jean Gile, Gile, joli Jean.*

Vous parlez en Prince habile,
Jean Gile, Gile, joli Jean,
Vous n'avez ni fiel, ni bile,
Jean Gile,
Gile, joli Jean, joli Jean, Jean Gile,
Gile, joli Jean.

Air : *Qu'un beau pigeon.*

Ciel! malgré toi mon sort se change!
En attendant que je me venge,
M'en voilà quitte à bon marché.
Le Roi de Perse en a dans l'aile :
De Nitétis il est touché;
Qu'il s'en aille au Diable avec elle!

PSAMMENITE.

Air : *Toque mon tambourinet.*

Ah! qu'allez-vous faire ?
Ma sœur, au Persan!
Voulez-vous, mon père,
Qu'un Mahométan,
Toque son tambourin toque,
Toque son tambourinet.

Air : *Le Seigneur Turc a raison.*

A tout votre sang, Seigneur,
C'est faire une offense :
Un serrail est, pour ma sœur,
Une indigne résidence.
Ah, j'y prends trop d'intérêt...

AMASIS.

PARODIE.

AMASIS.

Vas, mon fils, Nitétis est
Ta sœur, comme je danse.

PSAMMENITE.

Elle n'est pas ma sœur ! & qui est-elle donc ?

AMASIS.

C'est la fille d'Apriès, que je tuai, pour l'amour
de toi ; & je te la gardois.

PSAMMENITE.

Je te la gardois ! Dieux ! qu'entends-je ?

AMASIS.

Tu n'en aurois point voulu, n'est-ce pas ? T'en
voilà quitte.

PSAMMENITE.

Jarni ! je n'aurois pas été si dégoûté.

Air : *Tes beaux yeux ma Nicole.*

Dieux, de quelle surprise
Frappez-vous mes esprits ?

AMASIS.

C'est faire avec Cambise
La paix à juste prix.

Tome V. G

Le plus beau de l'ouvrage,
Et mon plus grand effort,
C'est qu'Apriès enrage
Encor après sa mort.
Motus du moins! bouche cousue; pour raison.

SCÈNE IX.

PSAMMENITE, THIAMIS, *son Confident*.

PSAMMENITE.

Air : *Non, je ne ferai pas.*

AFFRANCHI des remords qui déchiroient mon !
Quel obstacle nouveau vient s'offrir à ma flâme :
Mordienne, où se pend-on, que j'y courre au plutôt :
J'ai vécu comme un fou, je mourrai comme un sot.

Air : *Nos Pélerins ont bonne mine.*

Ami, va-t-en chez la Princesse ;
Non, non, n'y vas pas, rien ne presse ;
Vas donc ! le dirai-je sans cesse ?

THIAMIS.

C'en est fait, Seigneur, la voici :
Tous deux ensemble, je vous laisse.

PARODIE.

PSAMMENITE.

Je voudrois être loin d'ici.

Air : *Quand le péril est agréable.*

Je sens déjà qu'à sa présence,
Tout mon amour prend son essor.
Messieurs, vous allez voir encor
Une reconnoissance.

SCÈNE X.

PSAMMENITE, NITÉTIS.

NITÉTIS.

Air : *Réveillez-vous.*

On dit que le Vainqueur commence,
Mon Frère, à s'attendrir pour nous,
Et que nous devons sa clémence,
A l'estime qu'il a pour vous.

PSAMMENITE.

Air : *Je grossis votre Régiment.*

Et non, non, s'il est généreux,   *bis.*
Madame, c'est pour vos beaux yeux, *bis.*

NITÉTIS;
Vous avez mis cette âme fière,
Sans dessus dessous,
Sans devant derrière;
Et cela met mon cœur jaloux
Sans devant derrière, sans dessus dessous.

NITÉTIS.

Air : *Comme un coucou que l'amour presse.*

Qui ! moi ! je lui suis destinée ?

PSAMMENITE.

Oui, Madame; & ne doutez pas
Que l'instant de votre hyménée,
Ne soit celui de mon trépas.

NITÉTIS.

Dieux ! qu'entends-je !

Air : *Il n'est point de si joli nom.*

Quel aveuglement funeste
Vient séduire ta raison !
Quoi ! tu respires l'inceste,
Vilain; sors de la maison.

PARODIE.

PSAMMENITE.

Non, non, non,
Quand même pour notre union,
Je n'aurois pas lu le digeste;
Non, non, non,
Mon amoureuse passion,
Ne mérite pas ce nom.
Je ne suis pas votre frère.

NITÉTIS.

Ce seroit bien le diable.

PSAMMENITE.

Non, vous n'êtes point fille d'Amasis.

NITÉTIS.

Comment donc ?

Air : *Branle de Metz.*

Je n'entends pas ce mystère,
De grâce, expliquez-le moi :
N'étant pas fille du Roi,
Le Roi n'est donc pas mon père?
Et n'étant pas votre sœur,
Vous n'êtes donc pas mon frère?

Apprenez-moi donc, Seigneur,
Qui, de mes jours, est l'auteur.

PSAMMENITE.

Vous êtes fille d'Apriès.

NITÉTIS.

Air : *Le fameux Diogène.*

D'Apriès je suis fille,
Et toute ma famille
Périt par Amasis.
De sa fureur étrange,
Que Cambise me venge,
Et je l'aime à ce prix.

PSAMMENITE.

Air : *Qu'un beau pigeon.*

C'est n'être pas trop bien apprise ;
Quoi ! sans un moment de surprise,
Tout-à-coup ainsi vous songez,
A mettre à nos trousses Cambise !
Fi donc ! Madame, vous changez
De père, comme de chemise.

NITÉTIS.

Oh, que je le sentois bien en moi-même, allez!
Je ne sais que vous dire; mais enfin, je le sentois
bien, vous dis-je, je n'ai jamais aimé Amasis.

Air : *La grosse Nicole, en pleurant.*

Je le haïssois, en secret,
Et depuis long-temps, à regret,
Comme un père je le regarde.
La Nature nous parle à tous;
Mais, sans doute, est plus babillarde
Chez nous autres filles, qu'en vous.

PSAMMENITE.

Air : *Je suis par-tout vos pas.*

Adieu donc vos appas!
Je n'y dois plus prétendre.
A cet adieu si tendre
Ne me plaignez-vous pas?
Vous soupirez tout bas.

NITÉTIS.

Air : *Les fraises.*

Seigneur, avec vous j'aurai
Toujours quelque commerce:

Adieu. Je vous écrirai,
Aussi-tôt que je serai
En Perse, en Perse, en Perse.

SCÈNE XI.

NITÉTIS, *seule.*

Air : *Il vous viendra des Amoureux.*

L'AIMÉ-JE ? Ne l'aimé-je pas ?   *bis.*
Messieurs, tirez-moi d'embarras,
Je vous consulte là-dessus ;
Sont-ce bontés ? Sont-ce refus ?
Vous ne savez tous qu'en dire :
Ma foi, ni moi non plus.   *bis.*

SCÈNE XII.
NITÉTIS, LA REINE.
La Reine.

Air : *Des folies d'Espagne.*

Funestes lieux, qui, de l'affreux carnage
De mes enfans & de mon cher époux,
Me retracez l'épouvantable image,
Terribles lieux, que votre aspect m'est doux!

Air : *Mon père, je viens devant vous.*

Hélas! quand près de mon époux
Descendrai-je au rivage sombre ?

Nitétis.

Bonne Femme, que cherchez-vous ?

La Reine.

De mon mari je cherche l'ombre.

Nitétis, *sans chanter.*

Je ne l'ai pas trouvée.

[*Elle continue l'air.*]

Il est donc mort dans ce palais ?

LA REINE.

Où seroit donc mort Apriés?

NITÉTIS.

Dieux! qu'entends-je? Apriés! Vous êtes donc sa veuve?

LA REINE.

Oui, Madame, depuis qu'il est mort.

NITÉTIS.

Air: *Vraiment, ma commère, oui.*

C'étoit donc votre mari?

LA REINE.

Vraiment, ma commère, oui :

NITÉTIS.

Voici bien une autre histoire!

LA REINE.

Vraiment, ma commère, voire!
Vraiment, ma commère, oui!
Air, *Ami, sans regretter Paris.*
Hélas! je pleure en vous voyant!
J'avois une fillette,
Qui devroit être maintenant,
Comme vous grandelette.

PARODIE.

NITÉTIS.

Air : *Quand le péril est agréable.*
Ne la tenons plus en balance.
Je ne saurois plus, sans rigueur,
Tirer davantage, en longueur,
Cette reconnoissance.

Air : *Ma commère, quand je danse.*
Maman je suis votre fille,
Apriès est mon papa.

LA REINE.
Ah, vous voici !

NITÉTIS.
Ah, vous voilà !

TOUTES DEUX.
Ah, vous voici ! vous voilà, vous voici !

NITÉTIS.
Maman, je suis votre fille.

LA REINE.
Ne parlons plus de cela.
L'étonnement ne sied pas long-temps aux grandes âmes : allons, ne songeons plus qu'à vous marier.

NITÉTIS.

Air : *La bonne aventure, ô gai.*

Allons d'abord ici près,
Sur la sépulture,
Un peu pleurer Apriès,
Et puis nous rirons après.

TOUTES DEUX.

La bonne aventure, ô gai, la bonne aventure !

Mais, je vois Cambise, allez toujours devant : je vous suis.

SCÈNE XIII.

CAMBISE, NITÉTIS.

CAMBISE.

Air : *De quoi sert la vie, sans un doux lien.*

Belle Égyptienne,
Pour l'amour de toi,
Je fais grâce au Roi,
Je brise sa chaîne :
Prête à mes amours
Le même secours.

PARODIE.

Air : *Prenons la jupe & la cornette.*

Mes mains tremblent, belle Brunette,
Mais, je suis encor guilleret,
Et, témoin mon amour parfait.
J'ai bien encor vu, sans lunette,
Ton, ton joli petit landerirette,
Ton joli petit groin brunet.

NITÉTIS.

Air : *La breugnotte.*

Primo, ne vous en déplaise,
Servez mon courroux !
Et puis après, à votre aise,
Nous ferons les foux,
Nous ferons les foux, Nicaise,
Nous ferons les foux.

CAMBISE.

Air : *Belle Brune, belle Brune.*

Belle Brune, belle Brune,
Dis vite, je te promets
Quatre vengeances, pour une.
Belle Brune, belle Brune.

Air : Du Cap de Bonne-Espérance.

Déjà la main me démange,
De verser du sang pour toi.
Dis vite, que je te venge :
Comment ? Quand ? De qui ? Pourquoi ?

NITÉTIS.

D'un chien, d'un monstre farouche,
Pire cent fois que Cartouche ;
A son seul nom, je frémis.
C'est du cruel Amasis.

CAMBISE.

Dieux ! qu'entends-je ? Comment, coquine ?
Ton père !

Air : Dupont, mon ami.

Ah ! de Nitétis,
Que cela m'étonne !
Selon mon avis,
Elle étoit si bonne !
Mais à présent je vois bien,
Que Nitétis ne vaut rien.

PARODIE.
NITÉTIS.
Air : *Quand le péril est agréable.*

Je ne suis pas ce que l'on pense,
Sachez tout, & jugez après.
Je suis la fille d'Apriès.

CAMBISE.
Autre reconnoissance.

Oh, je ne dis plus rien ; en ce cas-là vous êtes une brave fille ; mais, je ne vous saurois accorder la mort d'Amasis.

Air : *Ein jor lai hau.*

Exemptez-moi de cela ;
Je ferois le coup moi-même,
J'en ferois, pour ce que j'aime,
Bien d'autres que celui-là.
Je sais bien qu'il le mérite,
Comme bourreau d'Apriès ;
Mais, le pauvre Psammenite,
Ma Princesse, en peut-il mais ?

Le pauvre enfant en mourroit ; je le connois, il a le cœur si bon !

NITÉTIS,

NITÉTIS.

Air: *Y-avance.*

Ah ! je pense que le voici.
Cambise, éloignons-nous d'ici,
Je veux éviter sa présence.
Y-avance, y-avance, y-avance,
Décampons donc en diligence.

SCÈNE XIV.

PSAMMENITE, *seul.*

Air: *Joconde.*

Malheureux, qu'ai-je fait tantôt !
  Trop libre de parole,
J'ai découvert, comme un nigaud,
  Les secrets de l'école :
Le Roi me fait partout chercher,
  Pour en faire ma sauce ;
Il entre : hélas ! où me cacher ?
  Je pisse dans mes chausses.

SCÈNE XV.
AMASIS ET PSAMMENITE.
AMASIS.

Air, *Ve noci blaisoue.*

AH ! chien de bélitre,
Viens, que je te chapitre !
Ah, chien de bélitre,
Voilà de tes exploits ?
Sais-tu bien traître,
Qu'un père est maître,
Et qu'à Bicêtre,
Je te devrois,
Faire enfermer pour quatre mois.

PSAMMENITE.

Air : *Les filles sont si sottes, lonla.*

Ah, je suis un mauvais garçon,
Indigne de votre pardon ;
Je confesse mes fautes,
Mon père, prenez un bâton,

NITÉTIS,

Et brisez-moi les côtes,
Lonla,
Et brisez-moi les côtes.

Air : *Les Folies d'Espagne.*

Si vous voulez pourtant que je m'excuse,
Mon tendre cœur étoit désespéré :
C'est mon amour qu'il faut que l'on accuse.

AMASIS.

Vraiment, pour lui s'étoit bien opéré.

Air : *Vas-t-en voir s'ils viennent Jean.*

Dans le temple maintenant,
Cet Hymen s'apprête.
Ton amour en babillant,
En a hâté le moment.
Vas-t-en voir la fête, Jean,
Vas-t-en voir la fête.

PSAMMENITE.

Air : *Les Trembleurs.*

Quoi, plus vite que la bise,
Je verrai l'heureux Cambise,

PARODIE.

Posséder la beauté bise,
Qui seule a su me toucher !
Ah ! cette cruauté m'outre !
Auparavant qu'on passe outre,
Je veux me pendre à la poutre
De notre plus haut plancher.

AMASIS.

Air : *Une jeune fillette, en s'éveillant.*

Il est jaloux le drôle,
　　Profitons-en ;
Si tu veux, tête folle,
　　Le Roi Persan
Ne sera plus craint d'Amasis ;
　　Et ta Nitétis
　　Te demeurera.

PSAMMENITE.

Au gué lanla lanlere, au gué lanla.
Air : *Que je veux de mal à ma mère.*

Oh, contez-moi donc ça, mon père,
Car, à vous parler franchement,
Je ne sais pas comment
Moi, ni vous, vous ni moi, nous allons faire,

H ij

Je ne sais pas comment
Faire un coup si charmant.

AMASIS.

Air : *Chez Charlot.*

J'ai pour ceci
Une troupe de braves,
Et quelque rats de caves,
Cachés près d'ici :
Par eux, à mort
La garde sera mise ;
Cependant, d'abord,
Dans le fracas,
Par notre main, Cambise
Passera le pas.

PSAMMENITE.

N'en savez-vous pas d'autres ?
Adieu, vous dis, Seigneur, mon père, serviteur ;
Je ne suis pas des vôtres,
Je chéris trop l'honneur :
J'aimerois mieux cent fois être pendu,
Que de l'avoir perdu.

PARODIE.

AMASIS *le contrefait, & dit :*
            Air :....
Ah! ah! vous avez bon air !
    Ah! vous avez bon air !   bis.
    De parler d'honneur.
Il a trahi son Seigneur ;
Il en vouloit à sa sœur.
Ah! ah! vous avez bon air !
    De parler d'honneur.
Air : *Oh, reguingué, ô lon lanla.*
Faut-il sauver mes ennemis,   bis.
Et trahir un secret commis ?
Vous le ferez fort bien, mon fils.
Faut-il faire une bonne affaire ?
Monsieur mon fils ne le peut faire.
    Air : *Je suis par-tout vos pas.*
    Je saurai, sans ton bras,
    Pousser mes entreprises :
    Mes mesures sont prises ;
    Je ne les romprai pas.
        PSAMMENITE.
    Je ne vous quitte pas.

H iij

SCÈNE XVI.
NITÉTIS, LA REINE.
NITÉTIS.
Air : *Connoissez-vous ?*

Causons un moment en repos,
Pendant que nos gens sont à boire ;
Et, pour commencer le propos,
Que dites-vous de notre histoire ?
N'est-elle pas drôle, Maman ?
LA REINE.
Pour cela, c'est un vrai Roman.
Air : *Quand le péril est agréable.*

Une seule chose m'offense ;
C'est que le monde est sans pitié ;
On n'a ressenti qu'à moitié
   Notre reconnoissance.
NITÉTIS.
Air : *Le Démon malicieux & fin.*
Quand je vis le Spectateur humain,
Qui mettoit le mouchoir à la main,
Je crus que, sensible à mes alarmes,
Jusques aux pleurs j'avois su le toucher :
Mais au lieu d'en essuyer des larmes,
On ne s'en servit que pour se moucher.

SCÈNE XVII.
NITÉTIS, LA REINE, UN PERSAN.

NITÉTIS.
Air : *Lanturelu.*

Mais je vois paroître
Un homme qui fuit ;
Cambise, peut-être,
Boit, & fait du bruit :
Il a le vin traître.
Dis-nous, Cambise a-t-il bu ?

LE PERSAN.
Lanturelu, lanturelu, lanturelu.

Air : *Les Pélerins.*

J'ai si peur encor que je tremble,
 Hélas ! mon Dieu !
Pendant que vous jasez ensemble,
 Dedans ce lieu ;
On s'égorge dans la maison,
 Et Psammenite,
Vient de descendre chez Pluton,
 Et son père à sa suite.

NITÉTIS.
Ah, que ça est drôle ! conte-nous un peu ça ?

LE PERSAN.

Le cruel Amasis alloit percer Cambise,
Et la place du coup, sur le dos étoit prise,
Quand Psammenite alerte, & sautant au-devant,
Zeste, arrête le coup, & l'attrape en volant.

LA REINE.

Et Amasis qu'est-il devenu ?

LE PERSAN.

Air : *Elle est morte, la vache à panier.*

Pour le Père,
Il est en quartier ;
Pour le Père,
Il n'en faut plus parler.
J'ai vu sa tête à bas,
Ses pieds, son cu, ses bras,
Pour le Père,
Il n'en faut plus parler.

SCÈNE XVIII & dernière.
CAMBISE, NITÉTIS.
NITÉTIS.
Air : *La Tessard.*

Voici Cambise, & voilà
La fin de la Tragédie.
Croyez-moi, finissons-la,
Ainsi qu'une Comédie.
Marions, marions, marions-nous,
Faisons tout à l'étourdie ;
Marions, marions, marions-nous,
Et devenez mon époux.

CAMBISE.
Air : *Le Couplet de la Canicule.*

Madame, tout doucement,
Ce n'est pas mon compte.
Je l'avouerai franchement,
Dût-ce être à ma honte :
J'imiterai mes aïeux,
Comme eux, j'aime cent fois mieux,

Le concubibibi,

Le na na na na,

Le bibi,

Le na na,

Le concubinage,

Que le mariage.

NITÉTIS.

Il n'importe pas, quoi; pourvu que cela vienne vite, le plutôt sera le meilleur.

CAMBISE.

Air : *Je ferai mon devoir.*

J'ai quelque affaire à terminer,

Avant de m'amuser ; *bis.*

Je reviendrai demain au soir,

Je ferai mon devoir. *bis.*

NITÉTIS.

Le soir vous sentez trop le vin,

Mon cher Cambise.

Remettez à demain matin;

Car, pour être à ma guise,

Il faut aller droit en chemin;

Ce qui n'est pas quand on se grise.

FIN.

CRÉDIT EST MORT,

OPÉRA-COMIQUE,

EN UN ACTE,

Mêlé de prose & de Vaudevilles.

Donné en 1715.

PERSONNAGES.

LÉANDRE.

ARLEQUIN.

LA MAUVAISE FOI, *sous la forme de la bonne Foi.*

LAVERNE, *Fille de la mauvaise Foi, & Déesse des Larrons.*

PREMIER SUISSE *de Crédit.*

SECOND SUISSE *de la mauvaise Foi.*

PASQUIN, *Fripon de la Suite de la mauvaise Foi.*

M' OREGUINGUÉ, *Poëte Chansonnier.*

UNE ACTRICE *de l'Opéra-Comique.*

UN MARCHAND. *M' Courtois, Marchand ruiné.*

Madame CARÊME, *Rôtisseuse ruinée.*

UN MARQUIS, *fort riche.*

Madame GOURGOURAN, *Marchande très-riche.*

SUIVANTS *de la mauvaise Foi.*

TROUPES *de gens fâchés, & de gens ravis de la mort de Crédit.*

CRÉDIT EST MORT,
OPÉRA-COMIQUE.

SCÈNE PREMIÈRE.

Le Théâtre représente une Ville, dans les ailes, & dans le fond, un Palais, avec cette inscription sur la porte : HOTEL DE CRÉDIT.

ARLEQUIN, LÉANDRE.

Léandre se promène en long & en large, avec un air triste & rêveur, comme un homme chagrin.

ARLEQUIN, *après avoir tourné avec lui.*

Air : *Adieu, paniers, vendanges sont faites.*

Mon Maître, vos poches sont nettes :
Entre nous deux, convenez-en ;
Vous sortez d'un maudit brelan.
Adieu, paniers, vendanges sont faites.

LÉANDRE, *brusquement.*

Arlequin, combien y a-t-il que mon père est mort ?

ARLEQUIN.

Quelle diable de question est-ce là ?

LÉANDRE.

Parle; combien y a-t-il ?

ARLEQUIN.

Eh, mais, Monsieur, comptez. Combien y a-t-il que vous avez pris sept ou huit domestiques inutiles; dix ou douze chevaux, & une Demoiselle de l'Opéra à vos gages ? Ce fut tout en prenant le deuil. Il y a je crois trois ans.

LÉANDRE.

Sais-tu ce que je trouvai dans le coffre-fort.

Air : *Sais-tu la différence.*

Et, combien le bon-homme
M'avoit laissé d'argent,
En mourant ?

ARLEQUIN.

Une assez grosse somme.

LÉANDRE, *en mordant son chapeau.*
Cent mille écus comptant !
Tout autant !

ARLEQUIN.

Nous n'en avons plus tant.

LÉANDRE.

Même air :

Sais-tu ce qui me reste,
En fonds & revenu ?
Le sais-tu ?

ARLEQUIN.

Peut-être pas un zeste ;
Ou quelque défructu,
Bien menu.

LÉANDRE.

Pas le moindre fétu.

ARLEQUIN.

Si bien, que je n'ai qu'à chercher condition.

Air : *Attendez-moi sous l'orme.*

Avant que je déloge,
A mon tour un moment,
Que je vous interroge :
Savez-vous depuis quand

Je porte la mandille
Que je vais mettre bas ?
Et suis dans la famille ?

LÉANDRE.

Depuis quand tu voudras.

ARLEQUIN.

Air : *M. le Prévôt des Marchands.*
Savez-vous que depuis dix ans,
Je perds ici mon beau printemps
A trente-cinq écus de gage,
Que l'on me promit en entrant ?

LÉANDRE.

Mets-en cinquante & davantage,
Tout cela m'est indifférent.

ARLEQUIN.

Air : *Le Démon, malicieux & fin.*
Savez-vous, que sur notre marché,
Je n'ai rien encor presque touché ?
Que nous allons ne plus vivre ensemble,
Et que je n'ai pas la maille ?

LÉANDRE.

Ni moi.

Le

Le faquin se plaint & me ressemble !
N'est-ce donc pas bien de l'honneur pour toi ?

ARLEQUIN.

Oh, ma foi, votre serviteur.

Air : *De mon pot, je vous en réponds.*

 Pas tant de comparaison !
 Ce n'est pas la raison,
Qu'un pauvre petit valet ose
Vous ressembler en toute chose,
Pour les mœurs & les façons, bon;
Mais pour la bourse. Oh, non !

Air : *Dupont, mon ami.*

Je veux de l'argent.

LÉANDRE.

Où diable le prendre ?
Et moi, mon enfant,
Je veux m'aller pendre !

ARLEQUIN.

Ah, fi, le vilain trépas !
Ne vous en avisez pas !

CRÉDIT EST MORT,

Air : *Ma raison s'en va beau train.*

Votre père, en mourant, je croi,
Étoit Secrétaire du Roi.
   Cet heureux jour là
   Vous dérotura !
Qu'allez-vous entreprendre ?
Avez-vous dérogé déjà,
   Pour être un homme à pendre,
   Lonla,
   Pour être un homme à pendre.

LÉANDRE.

Air : *Des Fraises.*

Quand un Maître est obéré,
   Voilà de mes canailles !
[*Pressant Arlequin à la gorge*].
Bourreau je t'étranglerai,
Quand je suis désespéré,
Tu railles ! tu railles ! tu railles !

ARLEQUIN.

Ah ! ahi ! ahi ! allons donc, fi donc, Monsieur, voici quelqu'un, l'on nous verra; tenez-vous donc, ne badinez pas.

SCÈNE II.

LÉANDRE, ARLEQUIN, LA MAUVAISE FOI.

LA MAUVAISE FOI, *entre en dansant, & sans voir Léandre.*

Air : *Chantez, petit Colin.*

GENS ruinés, vers moi
Adressez votre course !
Gens de mauvais aloi,
Ennemis de la bonne foi !
Je suis votre ressource,
Vous qui dans votre bourse,
Le matin souvent,
Tout en vous levant,
N'avez que du vent.

LÉANDRE *bas, à Arlequin.*

Air : *Sois complaisant, affable, débonnaire.*

L'aimable objet, qu'il a pour moi de grâce ;

CRÉDIT EST MORT,

D'en dire un mot tout haut, j'aurois l'audace;
Mais.......

Il demeure les bras étendus, sans achever.

ARLEQUIN.

Nous sommes tous deux en passe
De n'oser aimer jamais.

LÉANDRE, *avec un geste de désespoir.*

Morbleu! si......

LA MAUVAISE FOI.

D'où vient donc ce désespoir où je vous vois, mon brave Cavalier?

LÉANDRE, *avec le même geste.*

D'où vient mon désespoir? Hélas!

ARLEQUIN, *à part.*

Il ne vient ma foi pas du Pérou.

LÉANDRE.

D'où il vient?

Air : *Faites décrotter vos souliers.*

D'un homme, ou si l'on veut, d'un chien,
Sans aucun bien!

D'un malheureux qui n'a plus rien !
Pas la pistole !

ARLEQUIN.

Ni lui, ni moi,
N'avons de quoi
Faire décrotter nos souliers......

LÉANDRE, *le repoussant.*

Tais-toi, maraut !

LA MAUVAISE FOI.

Quoi ! ce n'est que cela qui vous chagrine ?

ARLEQUIN.

Air : *M. La Palisse est mort.*

Diable ! n'est-ce donc là rien ?
Et le ventre à jeun qui crie ?

LA MAUVAISE FOI.

L'on n'a que faire de bien,
Pour mener joyeuse vie.

ARLEQUIN.

Nous n'avons pas ce secret-là, nous autres.

LA MAUVAISE FOI.

Air : Dans notre Village.

Si près de la porte
Du Seigneur Crédit,
Où dès que l'on dit :
Je veux cela ; l'on vous l'apporte,
D'un air obligeant,
Le tout sans argent.

ARLEQUIN.

Le tout sans argent ?

LA MAUVAISE FOI.

Air : Quand je bois de ce jus d'Octobre.

Oui, sans argent, je le répète,
Cet hôtel est un magasin,
Où l'on a tout ce qu'on souhaite,
Sans avoir l'argent à la main.

ARLEQUIN.

Air : Zeste, zeste, point de chagrin.

Zeste, zeste, fiez-vous-y ;
Vous riez, vous riez, vous riez, Madame,
Zeste, zeste, fiez-vous-y !

La Mauvaise Foi.

Non, je ne ris point, mon ami.

Air : Talaleri.

Je ne vous en fais point accroire ;
Pourvu qu'on soit d'accord du prix,
Et qu'on signe, au bas d'un Mémoire,
L'arrêté de ce qu'on a pris,
L'on a tout ce que l'on desire.

ARLEQUIN, *sautant de joie.*

Talaleri, talaleri, talalerire.

Léandre.

Air : Vraiment ma Comère, oui.

Équipage & beaux habits ?

La Mauvaise Foi.

Vraiment, mon Compère, oui.

Arlequin.

De quoi manger, de quoi boire ?

La Mauvaise Foi.

Vraiment, mon Compère, voire,
Vraiment, mon Compère, oui.

CRÉDIT EST MORT;

ARLEQUIN, *la tirant à part.*

Dites donc, Madame.

Air : *Vous m'entendez bien.*

Mon Maître est galant & coquet.

LA MAUVAISE FOI.

Après ?

ARLEQUIN.

Tel Maître, tel Valet.

LA MAUVAISE FOI.

Personne ne l'ignore,

Eh bien !

ARLEQUIN.

Il nous faudroit encore....

Vous m'entendez bien.

LA MAUVAISE FOI.

Quand je vous dis que vous aurez là tout ce qu'il vous plaira.

ARLEQUIN, *voulant entrer.*

Air : *Vous avez raison, la Plante.*

Allons donc vite que j'entre
Chez ce brave Seigneur-là,
Larira.

LA MAUVAISE FOI *l'arrêtant.*

Patience! ce n'est pas tout; on n'a pas crédit comme on veut.

Air : *Dedans nos bois, il y a un Hermite.*

Qui veut l'avoir doit aller à la femme
Qui fait chez lui la loi;

ARLEQUIN.

Eh bien d'abord nous irons à la Dame.

LA MAUVAISE FOI.

Mais c'est la Bonne Foi.

ARLEQUIN.

Oh, pardi! nous voilà bien avancés, s'il faut que nous allions à la Bonne Foi, gueux comme nous sommes !

LA MAUVAISE FOI, *continuant l'air.*

Paix, jusqu'au bout; écoutez à votre aise!
Je suis la Mauvaise,
Moi,
Je suis la Mauvaise.

ARLEQUIN.

Eh bien, Madame la Mauvaise Foi, voulez-vous nous rendre service auprès de Crédit, vous?

LA MAUVAISE FOI.

Assurément, & à vous & à bien d'autres ; telle èst mon intention : & voici comme je veux m'y prendre.

Air : *Blaise revenant des champs.*

Je veux que la Bonne Foi
　Passe pour moi,
　Passe pour moi ;
Moi pour elle; & de chez soi
　Que Crédit la chasse
　Et m'offre sa place.

Et quand j'y serai une fois, laissez faire, Crédit sera en bonne main; nous le menerons loin.

ARLEQUIN.

Air : *Ton himeur est Catherène.*

Soyez la bien rencontrée !
Faites donc vite cela !
Pour que nous ayons l'entrée.

LA MAUVAISE FOI.

Vous n'entrerez point par-là ;
Mais par une fausse porte,
Où, sans moi, prêts de périr,
Mille gens de votre sorte
Attendent que j'aille ouvrir.

ARLEQUIN, à son Maître.

Allons, Monsieur, allons les joindre.

LÉANDRE, d'un air affligé.

Allons, puisque je suis sans ressource, abandonnons-nous donc à la Mauvaise Foi !

LA MAUVAISE FOI.

Air : *Je ne suis né ni Roi ni Prince.*

Le projet que je me propose,
Veut de vous encore une chose :
C'est d'être souple ou fanfaron ;
Payerez-vous bien d'effronterie ?

LÉANDRE.

Laissez faire ; je suis Gascon.

ARLEQUIN.

Et moi de Basse-Normandie.

LA MAUVAISE FOI.

Air : *Menuet d'Hésione.*

Le Pays fait beaucoup.

ARLEQUIN.

Du nôtre
Vous viennent vos meilleurs amis.
Et vous, Madame la Mauvaise Foi, à votre tour, apprenez-nous quel est le vôtre.

LA MAUVAISE FOI.

Moi, je suis de tous les Pays.

Air : *Et frou, frou, frou, & glou, glou, glou.*

Allez, quand on ouvrira,
Mettez dans ce logis là,
Chambres, celliers,
Caves, greniers,
Tout au pillage.

ARLEQUIN.

Madame, très-volontiers,
Vous verrez beau tapage.

SCÈNE III.
LA MAUVAISE FOI, seule.

Monsieur Crédit, Monsieur Crédit, vous m'avez toujours rebutée, vous m'avez toujours hûée; vous m'allez voir, avec mon air de bonne foi; & nous nous vengerons, nous nous vengerons.

SCÈNE IV.
LA MAUVAISE FOI, UN SUISSE.

LE SUISSE,
voulant arrêter la Mauvaise Foi qui veut entrer.

Air : *je ne suis né ni Roi ni Prince.*

Que vouloir au logis sti Femme !
Arrêter ! alte-là, Montame !

LA MAUVAISE FOI.

Je veux entrer dans la maison.

LE SUISSE.

Toi prendre un maison pour un autre;
Mondame, on n'enfile pas, non,
Ce porte là comme le vôtre.

LA MAUVAISE FOI, *voulant toujours entrer.*

Air : *De alte-là, de l'impromptu de la folie.*

S'il faut qu'une fois je me fâche !

LE SUISSE.

Ton criment ne rien faire à moi.

LA MAUVAISE FOI.

J'entrerai malgré toi.

LE SUISSE.

Non pas, sous mon moustache.

LA MAUVAISE FOI.

Oh bien tant y a,
  Tout ci, tout ça,
  Bredi, breda,
  Pati, pata,
Il faut pourtant que j'entre.

LE SUISSE, *lui présentant la hallebarde.*

Moi ti perci la ventre !

Alte-là !

LA MAUVAISE FOI.

Comment, Coquin, tu lèves la main sur la Bonne Foi, sur ta Maîtresse ?

LE SUISSE.

Air : *Par bonheur.*

Toi, mon Maîtresse ? pardi,
Par mon foi, liavre menti !
Lui n'avre pas ta fisage.

La Bonne Foi liêtre malade grandement dans son lit, & ne montrir plus son face, en aucun part.

LA MAUVAISE FOI, *mettant la main à la poche, & continuant l'air commencé.*

Il faut, à cet animal,
Parler un autre langaze,
Qui le rende moins brutal.

LE SUISSE, *se radoucissant un peu.*

Vous, mon Maîtresse ?

CRÉDIT EST MORT,

Air : Amis, sans regretter Paris.

Moi lietre donc ivre à demi,
Ou l'avre la brelue.

LA MAUVAISE FOI.

Tiens, ces cent écus, mon ami,
T'éclairciront la vue.

LE SUISSE.

Grosse dank, Yonfrau !

LA MAUVAISE FOI.

Même air.

Suis-je ta Maîtresse à présent ?

LE SUISSE.

Lietre bien véritable.
Moi lietre à toi, pour de l'argent,
Toi fusse-t-il le Diable.

Entrir, Mondame, entrir !

LA MAUVAISE FOI.

Ah ! j'apperçois ma Fille ! Attends, je veux lui dire un mot.

SCÈNE

SCÈNE V.

LA MAUVAISE FOI, LAVERNE, *Déesse des Larrons*, LE SUISSE, SUIVANTS *de Laverne*.

LA MAUVAISE FOI.

Eh, bon jour, ma chère Laverne! bon jour, ma Fille. [*bas.*] Écoute donc; je passe ici pour la Bonne Foi; ne vas pas t'aviser de dire, devant cet homme-là, que tu es la Déesse des Larrons, entends-tu?

LAVERNE, *bas.*

Cela suffit, ma Mère, cela suffit. [*haut.*]

Air: *La faridondaine, la faridondon.*

Tenez, voici d'honnêtes gens,
Pleins de reconnoissance;
Qui vous apportent des présens
Pour prix de leur science,
Dans le jeu du tour de bâton;
La faridondaine, la faridondon,

Tome V. K

Jeu que l'on joue en ce temps-ci,
Biribi,
A la façon de Barbari
Mon ami.

LA MAUVAISE FOI.

Et comment nommez-vous ces Messieurs-là?

LAVERNE.

Air : *Joconde.*

Un Maître-d'Hôtel, un Mitron.

LA MAUVAISE FOI.

Peste! bel assemblage!

LAVERNE.

Un Procureur, un Vigneron.

LA MAUVAISE FOI.

Quoi! des gens de village?
La Bonne Foi n'a plus de fort,
D'asyles, ni d'hospices,
Que chez les animaux; encor
J'en excepte les Suisses.

LE SUISSE.

Vous liavre dit la quéque chose de fort choli à l'honneur des Camarades Suisses, n'est-ce pas, Mondame ?

LA MAUVAISE FOI.

Oui ; j'en vante la gentillesse & le désinterressement. [à *Laverne*.] Qui est ce Jeune Homme-là ? Sa physionomie me revient.

LAVERNE.

C'est un Factotum que vous m'aviez demandé, & qui s'offre à votre service.

PASQUIN, *faisant une profonde révérence comique.*

Oui, Madame, vous serez contente de moi, je vous en réponds. Je rassemble, en moi seul, toutes les qualités de cinq ou six domestiques à la fois. J'ai la politesse d'un Suisse, la probité d'un Maître-d'Hôtel, la discrétion d'une Femme-de-Chambre, & la modestie d'un Page.

LA MAUVAISE FOI.

Viens, suis-moi, je te prends à mes gages. [à *Laverne*.] Adieu ; je vais chez le Seigneur

Crédit, où je veux tout ruiner & tout saccager.
Amusez-moi ce Coquin-ci, pendant ce temps-là.

Air : *La bonne aventure, ô gué.*

Dansez, chantez, mes enfans,
Offrez à mon Suisse
Votre hommage & vos présens ;
J'entre là, pour quelque temps :
Qu'on se réjouisse ,
O gué ,
Qu'on se réjouisse.

SCENE VI.

LAVERNE, LE SUISSE, SUIVANTS *de Laverne.*

LAVERNE, *après une entrée de ses Suivants, chante :*

Air : *de M. ROYER.*

TRIOMPHEZ, Bonne Foi, qui m'avez mise au
Triomphez, triomphez, triomphez avec moi !
Que tout sur la terre & sur l'onde,
Chérisse & suive notre loi !
Il faut que tout ce qui respire,

Se soumette à vous en ce jour;
Ravagez, ravagez l'empire
Et de Plutus & de l'Amour.
Étendez votre ministère
Sur les États les plus charmans :
Détrônez le Dieu de Cythère,
Et régnez parmi les Amans.
Triomphez, Bonne Foi, qui m'avez mise au monde.
Triomphez, triomphez, triomphez avec moi,
Que tout sur la terre & sur l'onde,
Chérisse & suive votre loi.
[La danse reprend, & est coupée du Vaudeville suivant.]

VAUDEVILLE.

Air : *de M.* ROYER.

LAVERNE.

QUE l'homme de robe a l'air sage !
Qu'un homme de Cour est poli !
Qu'un Marchand parle un doux langage !
Zeste ! fiez-vous-y,
Landeriri,
A la Bonne Foi de ce temps-ci.

LE SUISSE.

LE CAMARADE Suisse est Drôle;
N'entendre raison qu'à demi,
Sans le son du petit pistole.
 Zeste! fiez-vous-y,
  Landeriri,
A la Bonne Foi de ce temps-ci.

LAVERNE.

COMME l'un de l'autre on se moque!
Un Couple tout prêt d'être uni,
Se jure une foi réciproque,
 Zeste! fiez-vous y,
  Landeriri,
A la Bonne Foi de ce temps-ci.

LE PAYSAN.

ON folâtre ensemble, on s'agace:
Chère femme, petit mari;
Le dos tourné, je t'en fricasse.
 Zeste! fiez-vous-y,
  Landeriri,
A la Bonne Foi de ce temps-ci.

LE SUISSE.

Moi liavre pris pour mon épouce,
Un petit femme assez choli!
Tous mes voisins le trouvir douce;
 Zeste! fiez-vous-y,
  Landeriri,
Au femme douce de ce temps-ci.

LAVERNE, *au Suisse.*

PENDANT ce petit badinage,
Ma mère, chez Monsieur Crédit,
Fait un beau diable de tapage,
 Zeste! fiez-vous y,
  Landeriri,
A la Bonne Foi de ce temps-ci.

LE SUISSE.

Pardi, lui pouvoir faire tout ce qu'il voudra.
Moi li être payé pour le laisser faire.

LAVERNE.

Oui; mais si c'est une friponne,
Qui, toi-même, te trompe aussi;
Regarde l'argent qu'on te donne,
 Zeste! fiez-vous y,
  Landeriri,
A la Bonne Foi de ce temps-ci.

SCÈNE VII.

LE SUISSE *seul, regardant la bourse & n'y trouvant que de la fausse monnoye.*

Ah parte, par mon foi, sti diable de monnoye, liêtre faux comme un Diable. Ah le chien de carogne ! Entendez-vous, entendez-vous encore le vacarme que ce méchant Bonne-Foi là fait dans la maison ?

[*Dans ce temps-là, l'écriteau qui est sur la porte de la Maison, change; & au lieu de* HOTEL DE CRÉDIT, *on voit:* CRÉDIT EST MORT.

Air: *Je ne suis pas si Diable que je suis noir.*

Toute à stir je ti chasse,
De chez Montsir Crédit.

SCÈNE VIII.

PREMIER SUISSE, PASQUIN,
en Suisse.

PASQUIN SECOND SUISSE, *ôtant le baudrier au premier, continuant l'air commencé.*

Suisse, je prends ta place,
Madame lavre dit.

LE PREMIER SUISSE.

Ton Dame, liêtre un fripon.

PASQUIN.

La Bonne Foi mourante,
Va terminer son sort ;
Sa rivale est regnante,
Crédit est mort.

LE PREMIER SUISSE.

Crédit liêtre mort !

PASQUIN, *lui montrant l'inscription.*

Oui, regarde !

Et je vais en grands mots & d'un ton héroïque,
Te faire de la chose un récit pathétique.
A la Mauvaise Foi, ton Maître infortuné,
S'étoit, en homme aveugle, à peine abandonné;
Que de l'autre côté la maison mal gardée,
Est d'un torrent d'Escrocs, tout-à-coup inondée.
Du Palais de Priam, figure-toi le sac !
Des gens, qui, dans leurs noms, ont du gnic ou du gnac
On voit les fronts d'airain, signaler leur audace.
On les imite, on pille, on fait partout main-basse:
Je remarque, à travers cent juremens hardis,
Un vére, un diou me damne, un bédonc, un Sandis,
Les clefs de l'impudence ouvrent à la rapine,
Ici nos magasins, & là, notre cuisine;
De ce qui l'accommode & qu'il prend à crédit,
L'un se couvre le corps, & l'autre se l'emplit.
Parmi ces affronteurs, se distinguoit un homme,
Dont la poche est un gouffre, & qu'Opéra l'on nomm
Belle esclave, peinture, étofes, pots de vin,
Celui-là rafle, pille, & prend de toute main.
La honte fuit. Les fronts ne sont plus faits pour elle,
Le goujat, l'Officier, à l'envi tout s'en mêle :

On vole plus ou moins, chacun selon son rang.
Plus un homme est titré, plus son ravage est grand.
Enfin, Crédit s'alarme ; il fuit, on le talonne ;
La foule impudemment l'attaque & l'environne.
Un effronté Gascon, un perfide Normand,
Celui-ci, par derrière, & l'autre par devant,
Lui tirent, sans pitié, tout le sang qui lui reste.
Il tombe. Eh bien, dit-il, tel est mon sort funeste:
J'en mourrai, mais du moins ma mort me vengera,
Et tel en est l'auteur, qui s'en repentira.
La Mauvaise Foi rit ; moi, je vais par son ordre,
Aux six Corps des Marchands annoncer ce désordre;
Leur dire que Crédit dans la tombe est gisant,
Et que leur bonne amie est en règne à présent.

SCÈNE IX.

LE SUISSE, *seul.*

Air : *Quand le péril est agréable.*

Moi, liètre fort à son service,
 Ch'étois las d'être à Crédit.
Ché veux maintenant qu'il soit dit :
 Point d'archent, point de Suisse.
Allons moi gardir sti porte de Mauvaise Foi
& ne l'ouvrir qu'à ceux qui graisseront mon patte.

SCÈNE X.

LE SUISSE, UNE ACTRICE *de l'Opéra-Comique.*

L'ACTRICE *de l'Opéra-Comique.*

Suisse, n'est-ce pas là qu'on trouve tout ce que l'on veut ?

LE SUISSE.

Oui, mon Dame, liètre là dedans toute sorte de drogues. Que plaît à vous ?

L'ACTRICE.

Je voudrois avoir un Poëte Chansonnier.

LE SUISSE.

De sti drôle de race, qui savre faire des vogue la galère? Oh, tout le magasin liêtre pleine de ce petit marchandise-là ! ho la hée ! Montsir Oreguingué !

[*Le Suisse donne deux ou trois grands coups de sifflet*].

SCÈNE XI.

M. OREGUINGUÉ, L'ACTRICE, LE SUISSE.

M. OREGUINGUÉ *entrant en colère, & se bouchant les oreilles.*

ME VOILÀ, me voilà ! Suisse, je vous prie d'une chose ; c'est, une autre fois, de ne pas sifler pour moi, quand on me demande ; j'aimerois mieux avoir trente coups de bâtons sur ce dos là, tenez, sur ce dos là ; qu'un coup de sifflet par les oreilles.

LE SUISSE.

Liétre un garde de l'Opéra, qui m'avre pourtant dit, que tout le monde liavre siflé là très-fréquentement pour vous.

OREGUINGUÉ.

Tout le monde à tort.

LE SUISSE.

Parlir à Mondame.

SCÈNE XII.

M. OREGUINGUÉ, L'ACTRICE.

OREGUINGUÉ

Que voulez-vous, Mademoiselle ?

L'ACTRICE.

Monsieur, je suis une Actrice de l'Opéra-Comique, qui viens.....

OREGUINGUÉ, *l'interrompant, & voulant s'en aller.*

Et moi un Poëte sans argent, qui s'en va. Ma foi vous avez bien trouvé votre homme.

OPÉRA-COMIQUE.

L'ACTRICE, *l'arrêtant.*

Air : *Quand je bois de ce jus d'Octobre.*

Que votre pétulance est grande !
C'est un plat de votre métier,
Non autre chose qu'on demande.

OREGUINGUÉ.

Ah, pour cela, très-volontiers !

L'ACTRICE.

Air : *Oreguingué.*

De la part des Acteurs forains,
Je viens pour eux, à jointes mains,
Implorer vos secours divins.

OREGUINGUÉ.

En payant la chose est faisable,
Mais, sans argent, pas pour un Diable.

L'ACTRICE.

C'est bien aussi notre intention de vous payer.
Mais...

Air : *Robin turelure.*

Donnez-nous donc du nouveau,
La Troupe vous en conjure :

OREGUINGUÉ.

Je viens de faire un morceau
Turelure,
Dont la réussite est sûre.
Robin turelurelure.

Air : *La Beauté, la Rareté, la Curiosité.*

L'on y verra briller de mon heureux génie
La Beauté ;
Je veux qu'en le voyant tout le monde s'écrie ;
La Rareté !
Et que d'un bout à l'autre on s'y plaise & l'on rie.

L'ACTRICE.

La Curiosité !

OREGUINGUÉ.

Air : *Boire à mon tirelire.*

Ma Muse est, pour cela,
La première du Monde ;
Dans les deux Opéra,
J'ai triomphé : j'abonde,
En zons, zons, zons,
En flons, flons, flons,

En jolis tirelirelire,
En petits toureloure loure,
En mirlitons.

L'ACTRICE, *chante*.

Air :

Hélas! mon Dieu! c'est bien ce qu'il nous faut!

Air : *Reveillez-vous, Belle endormie.*

Mais comme ces refrains alarment
La pudeur un peu fortement,
Nous vous prions, quoiqu'ils vous charment,
D'en user un peu sobrement.

OREGUINGUÉ

Air : *La Troupe Italienne, faridondaine.*

Quoi donc! la Troupe Foraine
Voudroit que le plaisant au modeste fût joint!
Quel scrupule la gêne,
Faridondaine,
Sur ce point?
La Troupe Italienne,
Faridondaine,
N'en a point.

L'ACTRICE.

Oh bien, s'ils n'en ont point, nous en voulons avoir, nous.

OREGUINGUÉ.

Air : *Vraiment, ma Commère oui.*

Cela leur a réussi,

L'ACTRICE.

Vraiment, mon compère, oui ;
Mais on est sage à la foire :

OREGUINGUÉ.

Vraiment, ma commère voire,
Vraiment, ma commère oui.

L'ACTRICE.

Air : *Tuton, tuton, tutaine.*

Mettez des tonrelontontons.   [*bis*]
Employez des faridondons
Et la faridondaine,
Et tu, tu, tu,
Quelque lanturelu.

OREGUINGUÉ.

Et ton, ton, ton,
Un petit flon, flon,

L'ACTRICE.

Non, non, non, non, non.

OREGUINGUÉ.

Un pauvre zon, zon.

L'ACTRICE.

Non, non, non, non, non.

OREGUINGUÉ.

Quelques ricandons.

L'ACTRICE.

Et non, non, non, non;

OREGUINGUÉ.

Et des mirlitons;

L'ACTRICE.

Eh non, non, non, non,
Ni point de mirlitaine.

Notre Troupe est devenue, vous dis-je, trop modeste, pour oser prononcer rien de tout cela.

Air : *Je n'saurois.*

La première, je me compte,
Tenez, c'est là mon défaut ;

Au front le rouge me monte,
Pour le moindre petit mot.
Je n'saurois :
Je sens déjà que j'ai honte,
J'en mourrois.
En un mot, cela n'est plus permis.

OREGUINGUÉ.

Plus permis ! faites une chose.

Air : *Je ne suis né ni Roi, ni Prince.*

Lâchez encor quelque pistole.
L'Opéra vous rend la parole,
En dépit des Comédiens :
Que les Chefs de vos entreprises,
Achettent des Italiens,
Le droit de dire des sottises.

L'ACTRICE.

Il n'y a rien à faire, Monsieur Oreguingué. Il faut nous passer de ce mauvais secours là, s'il vous plaît.

OREGUINGUÉ.

Oh bien, je ne veux pas perdre ma peine ; la

Pièce est faite, je la donnerai aux Italiens; & s'ils me font la moindre difficulté, je la mets en prose, & voilà l'Été de la Comédie Françoise. Allons donc, songeons à autre chose pour vous.

L'ACTRICE.
Air : *Y-avance.*

Nous nous recommandons à vous;
Adieu, Monsieur, comptez sur nous,
Et travaillez en diligence.

OREGUINGUÉ, *faisant l'action de compter de l'argent.*

Y-avance, y-avance, y-avance!
Je ne fais rien si l'on n'avance.

L'ACTRICE.
Air : *Lere-la.*

Sur la recette on vous payera,
Et tous les soirs on tirera
Votre part, toute la première.

OREGUINGUÉ.
Lere-la, lere-lanlere.
Air : *Du haut en bas.*
Crédit est mort.

L'ACTRICE.

Que votre Muse ait patience.

OREGUINGUÉ.

Crédit est mort.

L'ACTRICE.

Vos neuf Pucelles ont grand tort,
D'imiter la vilaine engeance,
Qu'il faut ainsi payer d'avance.

OREGUINGUÉ *rentrant, & lui fermant la porte au nez.*

Crédit est mort.

L'ACTRICE.

Puisse-tu, mangeur de carotte,
T'entendre dire à la gargotte :
Crédit est mort.

SCÈNE XIII.
LÉANDRE, ARLEQUIN.

LÉANDRE.

Eh bien, Arlequin, tu vois où nous a conduits la Mauvaise Foi : le généreux Crédit est mort, & nous ne sommes pas plus riches qu'auparavant.

ARLEQUIN.

C'est que nous sommes venus des derniers, & que tout étoit pris. Voilà comme les frippons font tort aux honnêtes-gens.

LÉANDRE.

Que devenir cependant ?

ARLEQUIN.

Paix ; voici un Marchand & une Rôtisseuse de notre connoissance, tâchons de les amadouer.

SCÈNE XIV.

LÉANDRE, M. COURTOIS, Mad. CARÊME, ARLEQUIN.

LÉANDRE.

Bonjour, Monsieur Courtois.

ARLEQUIN.

Bon jour, Madame Carême : pardi vous êtes la mal nommée; car vous avez plutôt l'air du Mardi-Gras.

Madame CARÊME.

Passez votre chemin ; Marchand qui perd ne peut rire.

M. COURTOIS.

C'est bien moi, qui suis le Marchand qui perd.

Air : *Un petit moment plus tard.*

Je ne me releverai pas
De cette déroute !
Il faudra que je fasse, hélas !
Bientôt banqueroute.

Madame CARÊME.

Nous vous en offrons autant ;
Ma boutique est déchue,
Et, faute d'argent comptant,
Je suis perdue.

LÉANDRE.

Vous avez apparemment livré de la marchandise à Crédit, qu'on vient de piller ?

M. COURTOIS.

Plus de dix mille aunes de draps. Hélas ! tout mon magasin court à présent les rues de Paris, sur le dos de cinq ou six cents Cadets de Gascogne ; courez après.

Madame CARÊME.

Air : *Amis, sans regretter Paris.*

Tout mon bien est depuis long-temps,
Par ma sottise extrême,
Dans le ventre de mille gens ;
Courez après vous-même.

M. COURTOIS.

Air : *Le Grand Turc a raison.*

L'Abbé, le demi-Castor,
 Chacun m'escamote ;
Une vieille Veuve encor,
Tout en faisant la bigotte,
M'emporte un beau *Van-Robais*,
Tout bordé d'or, à mes frais ;
 Habit, veste & culotte.

ARLEQUIN.

.. Le joli article dans un livre de raison. [*Il fait l'action de lire.*] Livré dudit jour, à Madame la veuve une telle, habit, veste & culotte, pour je ne sais qui. [*Il rit.*] Ah! ah! ah! ah!

M. COURTOIS.

Air : *Mais sur-tout prenez bien garde, &c.*

Sur une pièce de Brocard,   *bis.*
Certain Abbé d'un air gaillard,
Comme on lève un échantillon,
 Vient de lever une robe,
 Avec le cotillon.

ARLEQUIN, *du même ton que la première fois.*

Item. Dudit jour, pour M. l'Abbé un tel, pour une robe & un cotillon.... tant, ah! ah! ah! ah!

Madame CARÊME.

Air : *Je ne suis né ni Roi ni Prince.*

Un tas de jeunes Mousquetaires
A le plus gâté mes affaires ;
Peste soit des petits frippons !
Ils m'ont croqué, dans leurs buvettes,
Je ne sais combien de chapons,
Avec quantité de poulettes.

ARLEQUIN.

Oh, pour les chapons avec les poulettes, autant de perdu ! Mettez un *P.* Madame Carême, mettez un *P.*

MADAME CARÊME.

Hélas ! je crois que vous avez raison, car je n'ai pas seulement le courage de demander mon dû.

ARLEQUIN.

Air : *Hélas ! c'est bien ma faute.*

Vous êtes veuve, aussi, pourquoi
N'avoir pas un homme avec soi

Qui sache la rubrique ?
Marions-nous, & laissez-moi
Mener votre boutique,
Lonla,
Mener votre boutique.

Je suis un très-bon parti ; du moins, Madame, quand je ne vous apporterois, en mariage, que la pratique de Monsieur ; diable, c'est une excellente pratique !

LÉANDRE.

Oui-dà, je me veux fournir chez vous, Madame Carême, & chez-vous aussi, M. Courtois.

M. COURTOIS.

Très-volontiers, car vous payez comptant, vous, n'est-ce pas ?

LÉANDRE.

Non, tenez ; je n'aime point à mentir ; je n'ai pas le sou, pour le présent ; mais . . . . .

M. COURTOIS.

Je suis votre serviteur.

MADAME CARÊME.

Je suis votre servante, gnia plus de crédit.

LÉANDRE.

Air : *Des Fraises.*

Mais je dois incessamment
Être fort à mon aise :
J'hérite d'un vieux parent,
Caduc & très-opulent.

M. COURTOIS ET Madame CARÊME.

Fadaise, (trois fois.)

LÉANDRE.

Il ne peut aller loin, à l'âge & dans l'état où il est.

ARLEQUIN.

S'il passe l'année, & que vous perdiez patience, nous vous permettons de l'assommer.

M. COURTOIS ET Madame CARÊME.

Adieu, adieu.

LÉANDRE.

Air : *M. La Palisse est mort.*
Quoi vous ne.....

M. COURTOIS.

Crédit est mort.

LÉANDRE.

Monsieur Courtois, je vous prie!

M. COURTOIS.

Hélas! s'il n'étoit pas mort!

[*Il sort*].

SCÈNE XV.

Madame CARÊME, ARLEQUIN.

ARLEQUIN, *achève l'air précédent.*

IL seroit encore envie!

Et vous, Madame Carême, aurez-vous la cruauté de nous laisser jeûner?

Madame CARÊME.

Air: *Il faut que je file, file, file.*

Si l'argent ne sonne, sonne,
L'on n'embroche plus chez moi.

ARLEQUIN.

Hélas! vous êtes si bonne,
Exceptez-nous de la loi!

MADAME CARÊME.

Non, non, sans argent en poche,
Pour ton Maître, ni pour toi,
L'on n'embroche, broche, broche,
L'on n'embroche point chez moi.

SCÈNE XVI.
LÉANDRE, ARLEQUIN.

LÉANDRE.

Eh bien, mon ami ?

ARLEQUIN.

Eh bien, Monsieur, est-ce là comme vous aviez promis de payer d'effronterie ? [*d'un ton niais*] Je n'aime point à mentir ; je n'ai pas le sou.

[*déclamant*].

Et vous êtes Gascon ?
Et vous osiez tantôt, vous parer de ce nom ?
Vous n'êtes point Gascon, ni digne encor de l'être,
Par d'autres sentimens, vous le feriez connoître [1].

---

[1] Parodié de l'Électre de Crébillon.

LÉANDRE.

Que veux-tu? Je suis encore nouveau dans le malheur; j'ignore encore cette impudence qu'il faut avoir pour s'en tirer.

ARLEQUIN.

Cela fait pitié! Vous deviendriez joli Garçon, à ce que je vois, si je vous abandonnois! Venez, allons attendre ensemble la mort de cet oncle. Je me charge de vos affaires, jusqu'à ce temps-là. (*seul*) Il faut l'avouer, en fait de malheur, les honnêtes gens ne sont pas propres à grand'chose!

SCÈNE XVII.

LE MARQUIS, Mme GOURGOURAN.

LE MARQUIS *entrant, comme un homme au désespoir.*

Madame Gourgouran ! Madame Gourgouran, je suis perdu !

Madame GOURGOURAN.

Qu'est-ce que c'est donc, Monsieur le Marquis ? Qu'avez-vous ?

LE MARQUIS.

Je suis flétri ! déshonoré ! tombé dans l'abjection !

Madame GOURGOURAN.

Expliquez-vous, parlez, voyons donc, qu'y a-t-il ?

LE MARQUIS, *lui montrant l'inscription.*

Regardez, lisez, voyez.

Madame GOURGOURAN.

Crédit est mort ; eh bien, que cela vous fait-il ?

LE MARQUIS.

Ce que cela me fait ! Ah, Madame, que vous parlez bien en Bourgeoise, & que vous sentez bien votre rue Saint-Honoré !

Madame GOURGOURAN.

N'avez-vous pas cinquante mille livres de rente ? Quel besoin a-t-on de Crédit avec cela ?

LE MARQUIS.

Plus de besoin que personne ! Un jeune homme qui a cinquante mille livres de rente, doit, dans les règles, en dépenser cent mille. J'ai de quoi vivre, les premiers six mois, à mes dépens ; & le dernier semestre, aux dépens de qui le passerons-nous ? Voilà donc un Marquis réduit à n'avoir plus autant de Créanciers qu'il en voudra faire. Quoi ! mes habits, mes meubles, & mes équipages seront donc à moi désormais ? Que je paye comptant un colifichet précieux, un habit de Comédienne, un coupe-gorge ; à la bonne-heure : l'argent d'un Homme de condition n'est fait que pour le jeu, les femmes, & généralement pour tout ce qui ne lui fait aucun profit. Mais que j'aye l'affront, moi, Marquis, de ne pouvoir plus ruiner Boucher, Boulanger, Charron, Marchand, Maréchal, & mille Canailles comme cela, qui se battoient à qui auroit l'honneur de fournir ma maison de ses besoins indispensables ; oh, ma foi, Madame Gourgouran, vous me l'avouerez, cela est piquant ! cela est piquant !

Madame GOURGOURAN.

Voilà des Chalands comme je les cherche ! Touchéz-là, Monsieur le Marquis, j'ai les inclinations nobles, j'aime les dettes autant que vous ; mais quand je dis dettes, je dis toutes sortes de dettes, actives & passives.

LE MARQUIS.

Qu'on aime à devoir, je le conçois très-bien ; mais quoi ! vous aimez aussi qu'on vous doive ?

Madame GOURGOURAN.

L'un & l'autre passionnément. Il y a une bonne raison ; c'est que je gagne tout avec mes créanciers, & que je ne perds rien avec mes débiteurs.

Bien plus ; je ne saurois souffrir ces Acheteurs économes, qui viennent chez moi, l'argent à la main. Il faut faire un prix, parler de rabattre, donner la bonne mesure. Eh, vivent, vivent les Seigneurs comme vous ! Ils m'envoyent demander ce qu'ils veulent ; je leur donne ce que je veux ; & je les charge, sur mon livre, de la somme qui me plaît. Pour le payement, c'est mon affaire. Vos biens sont-ils substitués ?

Le Marquis.

Non. Je suis d'une Famille où l'on ne substitue que les dettes.

Madame Gourgouran.

J'empêcherai bien la substitution. Mon argent viendra peut-être un peu tard : mais, qu'importe ; mes Correspondans en pâtiront. Les voilà bien malades ! Qu'ils fassent banqueroute ; je l'ai bien faite cinq ou six fois, moi ; & si je n'en suis assurément pas plus mal dans mes affaires. Venez, venez, Monsieur le Marquis, vous retrouverez chez moi un nouveau Crédit, plus commode, cent fois, que celui qu'avoit épousé la Bonne Foi. Suivez-moi, & laissons pleurer cette cohue de gens malheureux qui ne méritent pas une ressource comme la mienne.

SCÈNE XVIII.
TROUPE DE GENS DÉSOLÉS
en bonnet verd.

CHŒUR.

IMPITOYABLE sort !
Crédit est mort.

UN GASCON.

Je suis un nouveau débarqué;
Né sur le bord de la Garonne ;
Les Lettres de change ont manqué :
Je suis à jeun ; & midi sonne.

LE CHŒUR.

Impitoyable sort !
Crédit est mort.

Un Suisse.

Avec un bourse plein d'argent,
Moi, venir du Canton de Berne:
Et liavre été trop diligent,
D'avalir tout dans un taverne.

Le Chœur.

Impitoyable sort !
Crédit est mort.

Un Jeune Homme.

Pour un jeune objet plein d'appas,
Je sens mon cœur qui se déclare ;
Mais, c'est une danseuse, hélas !
Et je suis fils d'un père avare.

Le Chœur.

Impitoyable sort !
Crédit est mort.

Un Comédien François.

Je suis Comédien François,
Trop vieux pour la galanterie ;
Il me faudra jouer les Rois,
Sous des habits de fripperie.

Le Chœur.

Impitoyable sort !
Crédit est mort.

OPÉRA COMIQUE.

UN DE LA TROUPE.
Air : *Voici les Dragons qui viennent.*

Voici les Marchands qui viennent,
Messieurs, sauvons-nous ;
Les chiens d'usuriers nous tiennent,
Mille Diables les entraînent.

SCÈNE XIX.

LAVERNE, Troupe de MARCHANDS, *charmés de la mort de Crédit.*

LAVERNE, *chassant les débiteurs.*

Et vous itou,
Et vous itou.
Air : *Boire à son tirelire.*
De ma mére avec moi,
Messieurs, chantez la gloire.
De la Mauvaise Foi
Célébrons la victoire.
Quel heureux sort !
Par son effort,
Crédit est, tirelirelire,
Crédit est, tourelouse loure,
Crédit est mort.

M iv

SCÈNE XX.

TROUPE DE MARCHANDS.

ARLEQUIN, *en bonnet verd, les chassant à coups de batte.*

Air : *Quand on obtient ce qu'on aime.*

Quand nos malheurs sont extrêmes, *bis*
Tout chante, tout danse & tout rit. *bis*

AU PARTERRE.

Air : *Ah! que la paresseuse Automne.*

Ma foi, je le dis sans finesses,
J'ai grand'soif & bon appétit ;
Et, grâces à nos mauvaises Pièces,
Je suis sans argent, sans crédit.
Hélas! pour l'Opéra-Comique,
Crédit, depuis long-temps est mort ;
Sauvez-nous de votre critique,
Messieurs, il peut revivre encor.

FIN.

L'ENRÔLEMENT D'ARLEQUIN,

OPÉRA-COMIQUE EN UN ACTE.

Mêlé de Prose & de Vaudevilles.

Joué en 1726.

PERSONNAGES.

ARLEQUIN, *Amoureux de Laurette.*

LAURETTE, *Comédienne d'une Troupe de campagne, Amoureuse d'Arlequin.*

TIMARETTE, *Camarade de Laurette.*

LA MERE D'ARLEQUIN.

M. GRIFFALERTE, *Procureur.* ⎫
M. MASSACRE, *Chirurgien.* ⎬ *Oncles d'Arlequin.*
LA RAMÉE, *Soldat.* ⎪
UN PÂTISSIER. ⎭

RUZIGNAC, *Chevalier d'industrie, Cousin d'Arlequin.*

M. CLÉNARD, *Maître d'école d'Arlequin.*

La Scène est dans la maison d'Arlequin.

L'ENRÔLEMENT D'ARLEQUIN,

OPÉRA-COMIQUE.

SCÈNE PREMIÈRE.

TIMARETTE, LAURETTE.

LAURETTE.

Enfin, ma chère Timarette, le départ de la Troupe est résolu, & nous jouons la Comédie aujourd'hui pour la dernière fois.

TIMARETTE.

Oui, ma chère Laurette, aujourd'hui nous fermons le théâtre ; & demain, haut le pied, la Troupe est en campagne.

LAURETTE, *d'un air triste.*

Demain, sans rémission ?

TIMARETTE.

Sans rémission. Ma petite valise est déjà prête; & nos Messieurs, ont déjà serré, pêle-mêle, toutes leurs hardes, dans un faux foureau de pistolet.

LAURETTE.

Et les décorations emballées ?

TIMARETTE.

Oui; j'ai mis les cieux, la mer & les enfers, en un paquet; il n'y a plus que la ville, une montagne, & des rochers, à mettre sur la charette, & le bagage est plié.

LAURETTE.

Ah, ma chère Timarette !

TIMARETTE.

Qu'est-ce que c'est ? Ce départ là t'afflige ? As-tu regret à une poignée d'adorateurs que nous perdons ? Vas, vas, nous partons pour une ville où la jeunesse est plus nombreuse, & n'aime pas moins ses plaisirs qu'ici.

Air : *Flon, flon.*

Et nous allons, ma Mie,
Revoir tomber chez nous,
Une bien autre pluie,
D'or & de billets doux.
Flon, flon.

LAURETTE, *soupirant.*

Hélas !

TIMARETTE.

Comment donc ! ce n'est pas pour rire, & voilà, Dieu me pardonne, un hélas naturel tout de bon. Serois-tu amoureuse ?

LAURETTE.

Oui, je le suis.

TIMARETTE, *en riant.*

Sérieusement ?

LAURETTE.

Très-sérieusement.

TIMARETTE.

Une fille de théâtre, sérieusement amoureuse : cela n'est pas de votre rôle.

Air : *Ma raison s'en va bon train.*

La plaisante passion,
Dans notre profession !

LAURETTE.

Ah, fais-moi quartier,
Je ne puis nier
Qu'elle soit étrange ;
Mais enfin.
Mon sein n'enferme pas un cœur qui soit de pierre [1].

TIMARETTE.

Air : *Vous m'entendez-bien.*

Quand on a pour nous de l'amour,
Je ne dis pas, qu'à notre tour,
Nous ne puissions en prendre,

LAURETTE.

Eh bien !

TIMARETTE.

Mais tout cela doit tendre,
Vous m'entendez-bien.

[*Faisant l'action, le geste, de compter de l'argent.*]

---

[1] Vers du Tartufe.

Au solide! au solide! & dis-moi, quel est l'heureux mortel qui a fait cette conquête? Ne seroit-ce pas cet aventurier qu'on nomme M. le Chevalier de Rusignac, grand Escaladeur de loges, & dont....

LAURETTE.

Non. Mon choix est plus sensé que cela. J'aime son cousin Arlequin.

TIMARETTE.

Arlequin! ce petit monstre, ce stupide, ce jeune écolier, que son Pédant vient tous les jours arracher de nos coulisses, par les oreilles.

LAURETTE.

Lui-même.

TIMARETTE.

Et vous appelez cela un choix sensé?

LAURETTE.

Ah! s'il m'aimoit assez pour vouloir m'épouser & nous suivre!

TIMARETTE.

Nous suivre! Et que ferions-nous de ce nigaud-là?

LAURETTE.

Air : Lon lanla derirete.

Il est drôle, vif, éveillé,
D'ailleurs très-jeune, & bien taillé,
Lon lanla derirette,
Tout cela se met à profit,
Lon lanla deriri.

TIMARETTE.

Bon ! un petit morveux comme cela, qui ne sauroit encore rien faire ?

LAURETTE.

Ne vous inquiétez pas, je me charge de le façonner, moi. Il a des dispositions ; & dans ce métier-ci, la nature est une si bonne maîtresse d'école, & la jeunesse une si bonne écolière !

Ses talens à deux fois ne se font pas connoître,
Souvent ses coups d'essai passent les coups de maître.

Laissez-moi faire, vous dis-je.

Air : Talaleri.

En quelques leçons, j'en vais faire
Bientôt un excellent Acteur.

Je

Je gage que dès la première,
Il en sait plus qu'un vieux Docteur.
Sans doute. Vous avez beau rire.

TIMARETTE.

Talaleri, talaleri, talalerire.

Je ne ris pas de ce que tu dis. Je ris du dégât que nous avons fait dans sa famille. Arlequin n'a pas un parent qui n'ait sa dulcinée parmi nous. Il y a d'abord son oncle l'Avocat, Monsieur... comment le nomme-t-on ? M. M...

LAURETTE.

Monsieur Griffalerte.

TIMARETTE.

Oui, M. Griffalerte, qui vient de faire ses tendres adieux à ma sœur, & de lui faire présent d'une liasse de tous les factums qu'il a composés depuis vingt ans, tant en civil qu'en criminel.

LAURETTE.

Cela est amusant.

TIMARETTE.

Et puis cet autre oncle, qui est Médecin, Apothicaire & Chirurgien, tout à la fois ?

LAURETTE.

Monsieur Massacre. A qui en conte-t-il celui-là ?

TIMARETTE.

A la Chanteuse ; à qui il a fait des cadeaux plus galans.

Air : Quand je bois de ce jus d'Octobre.

> Tous les matins ce personnage,
> Lui donnoit de sa propre main,
> Pour se rafraîchir le visage,
> Un petit reméde anodin.

Pour son oncle le Dragon, il en veut à toutes nos Danseuses, & les fournit de tabac & d'eau-de-vie. Il n'y a pas enfin, jusqu'à son frère l'Abbé, qu'on ne mette sur mon compte, parce qu'on le surprit l'autre jour à ma toilette, comme il me plaçoit, malgré moi, mon rouge & mes mouches. Ainsi, la Troupe aux champs, voilà une famille désolée.

LAURETTE.

Oh, je ne pars pas seule, & quelqu'un me suivra [2].

TIMARETTE.

Tu crois que les parens d'Arlequin permettroient....

LAURETTE.

Bon! Il ne dépend que d'une mère folle, qui veut tout ce qu'il veut, & qui le suivroit plutôt que d'empêcher qu'il ne vînt, s'il vouloit venir. Le voici. Laisse-nous, je vais tourner l'entretien là-dessus, & tâcher de l'amener à mes vues.

---

1 Parodie d'un vers d'Andromaque.

SCÈNE II.

LAURETTE, ARLEQUIN.

ARLEQUIN, *tenant un Rudiment à sa main, & se grattant le derrière de la tête, en étudiant comme un écolier mécontent, & sans voir Laurette.*

Air : *Des Fraises.*

Quoi, depuis six ans déjà,
Qu'à l'étude on m'amuse,
Je n'en suis encor que là,

[*Il recite d'un ton pleureur.*]

Hic, & hac, & hoc, musa,
La muse, la muse, la muse.

LAURETTE, *l'abordant.*

Bon-jour, Arlequin.

ARLEQUIN, *vivement, & jetant le livre loin de lui.*

Ah, ma foi, voilà la muse au Diable.

Air : *Gardons nos moutons, lirette, liron.*

(*gaîment*).

L'heureuse rencontre! Est-ce vous,
Ma charmante Laurette?
Causons; la Belle, amusons-nous,
Et parlons d'amourette.
Foin de ma leçon,
Laurette, liron,
Liron, liron, Laurette.

LAURETTE.

Non; parlons d'autre chose. Fûtes-vous hier à la Comédie?

ARLEQUIN.

Assûrément. J'étois dans le Parterre.

LAURETTE.

Vous me vîtes donc jouer dans le tragique?

ARLEQUIN.

Oui. Vous faisiez le rôle de la Princesse Micomicon.

LAURETTE, *d'un air triomphant*.

Eh bien, qu'en dites-vous?

Air : *La faridondaine.*

Sais-je faire ronfler un vers
De façon pathétique ?
Me suis-je bien donné les airs
D'une Actrice héroïque ?
Avez-vous remarqué ce ton,

[*En donnant du pied dans la queue de sa robe, comme la Lecouvreur.*]

Ce manteau qui traîne, ces coups de talon,

[*Elle roule de gros yeux, comme la Duclos.*]

Et ces yeux qui rouloient ainsi,
Biribi,
A la façon de Barbari, mon ami.

ARLEQUIN.

Oui, le Diable m'emporte, il y avoit de quoi se donner une entorse de prunelles.

LAURETTE.

Et puis, qu'on dise que je n'ai point d'entrailles !

ARLEQUIN.

Des entrailles ! qui Diable s'aviseroit de dire que vous n'en avez point ?

LAURETTE.

Enfin, vous avez été touché, remué, ébranlé, je gage.

ARLEQUIN.

Comme tous les mille Diables; j'ai pensé vingt fois étouffer dans le Parterre.

LAURETTE.

Tu veux dire ému.

ARLEQUIN, *d'un air transporté.*

Si j'ai été ému !

Air : *Un Prêcheur indigne.*

A la moindre phrase,
Je tombois en extase,
(*Il se passionne si fort que les termes semblent lui manquer.*)
C'étoit une emphase...
Une... Jarnicoton.

Quelle grandesse !

[*Il se jette, avec transport à ses genoux, & veut les lui embrasser.*]

Quelle largesse !
Belle Princesse,
Micomicon !

(*Il ne peut achever, tant il est saisi.*)

Laisse-moi baiser ton menton....

LAURETTE, *le repoussant en riant.*

Quelque dupe ! fis.
Allons donc, petit fripon,
Vous chiffonnerez ma jupe.

ARLEQUIN, *continuant ses exclamations.*

Si j'étois ému ! ah !

LAURETTE.

Vous m'allez donc bien regretter, à ce que je vois ?

ARLEQUIN.

Comment ! quand ?

LAURETTE.

Demain.

ARLEQUIN.

Quoi ?

LAURETTE, *déclamant*.

Le dessein en est pris, je pars, cher Théramène [1].
Et demain....

ARLEQUIN, *l'interrompant du même ton*.

Vous allez courir la pretentaine !
Ah, Madame !

LAURETTE.

Adieu, mon cher Arlequin, nous ne nous verrons peut-être plus.

[*tendrement*].

Air : *L'autre jour ma Cloris.*

L'affreuse peine, hélas !
Qu'une éternelle absence !
Ne m'oublierez-vous pas ?

---

[1] Vers de Phèdre.

ARLEQUIN, *s'attendrissant.*

Parlez en conscience;
Vous-même, mes amours,
M'aimerez-vous toujours?

LAURETTE.

Ah, mortelle douleur!

ARLEQUIN.

Ah, regrets superflus!

LAURETTE.

Adieu, Titus, adieu; je ne vous verrai plus.

ARLEQUIN, *l'arrêtant.*
Air : *Vous partez, Belle Princesse.*

Encore un mot, rien ne presse,
J'ai sur moi quelque escalin.
Souffrez que je donne la main,
Belle Princesse,
Jusques au cabaret prochain,
A votre Altesse.

LAURETTE.

Ah, mon cher Arlequin, si vous m'aimiez autant que vous dites, & si....

ARLEQUIN.

Air : Menuet de la chasse.

Si je vous aime, hélas !
Eh ! n'en doutez pas.
J'en perds mes repas !
Pour vous, à grands pas,
Je cours au trépas.
Oui, pour vos appas,
Je courrois jusqu'au Monomotapa.

LAURETTE, *avec fierté, comme Hermione à Oreste.*

Suivez-moi, je crois tout.

ARLEQUIN, *appercevant son Précepteur, & reprenant l'air honteux d'un écolier timide.*

Voici M. Clénard, mon Précepteur, sauvez-vous.

LAURETTE.

Eh fi ! ne mériterez-vous jamais d'avoir de la barbe ! envoyez-le moi paître, & vous mocquez de lui. Pour moi, qui ne me soucie pas d'essuyer les apostrophes d'un cuistre, je me retire; adieu nous nous reverrons quand vous voudrez.

[*Le Pédant, pendant ce temps-là, s'avance, regarde le rudiment, qui est à terre.*]

SCÈNE III.
ARLEQUIN, M. CLÉNARD.

M. CLÉNARD, *d'un ton sévère.*

D'où vient ce livre à terre? Est-ce vous, Monsieur mon Disciple, qui avez jeté là votre rudiment?

ARLEQUIN, *sans le regarder, d'un air mutin, & pourtant le chapeau bas.*

Oui, c'est moi.

M. CLÉNARD.

Vous êtes bien hardi de me dire que c'est vous.

ARLEQUIN, *dans la même posture & du même ton.*

Eh bien, ce n'est pas moi.

M. CLÉNARD.

Vous êtes bien impudent de me mentir?

ARLEQUIN, s'impatientant.

Oh! bien hardi de dire vrai ; bien impudent de mentir : comment faire ?

M. CLÉNARD, le prenant par l'oreille, & imitant le Grondeur.

Comment faire ? Se taire, & le ramasser. A qui est-ce que je parle ? Ramassera-t-on cela ? Donnez-le moi. Votre leçon. Voyons si vous la savez... Singulariter nominativo....

[Arlequin tient son visage, dans son chapeau, & pleure niaisement.]

De quoi pleure-t-il ? Euh! le grand sot! allons courage, mon ami, courage; il y aura des ratons pour le goûté.

ARLEQUIN, se débouchant le visage.

Des ratons?

M. CLÉNARD.

Oui, gai, allons. Singulariter nominativo....

ARLEQUIN, *gaîment, & se balançant comme les écoliers qui disent leurs leçons.*

Air : *Ho, ho, tourlouribo.*

Hic, & *hæc*, & *hoc*, *musa*, la muse.
Ho! ho!

M. CLÉNARD, *en colère, & frappant du pied.*

Toujours son *hic*, & *hæc*, & *hoc*.

Air : *Le fameux Diogène.*

Ah, quelle patience !
Oh, j'y perds ma science,
Mon latin, & mon grec !
Gros butor, double crane,
Tête de bœuf ou d'âne,
Dis donc, une fois, *hæc* !

ARLEQUIN.

Eh bien, je dis bien aussi, *hic*, & *hæc*, & *hoc*, *musa*, la...

M. CLÉNARD, *en fureur.*

Hæc, tout seul, bête, [*le prenant à la gorge, & le poussant rudement*] *hæc, hæc, hæc, hæc.*

ARLEQUIN, *d'une voix étouffée.*

Hac, hac, hac, hac, (*il le lâche*) hac, hic, ic, hoc, huc, tout cela n'est-ce pas la même chose ?

M. CLÉNARD.

Non, gros animal, non. *Hac* est un adverbe; *hæc, hic, hoc,* des pronoms; *huc,* un adverbe comme *hac, hîc, istuc.*

ARLEQUIN, *se dépitant.*

Hag, gnic, niac ; huc, gnic, niac; maugrebleu du jargon.

M. CLÉNARD.

Quelle stupidité ! de la vie cela ne saura un mot de latin. [*à part.*] Mais je t'étrillerai tant ! [*haut, tirant une férule.*] Porrige manum. [*Arlequin ne fait pas semblant de l'entendre.*] Porrige manum. Qu'est-ce que je dis donc ?

ARLEQUIN.

Je n'en sais rien, moi. De la vie je ne saurai un mot de latin.

M. CLÉNARD.

Que vous tendiez la main, M. l'ignorant.

ARLEQUIN, *mettant fièrement son chapeau.*

Et si je n'en veux rien faire, moi, qu'en sera-t-il ?

M. CLÉNARD, *outré de colere.*

Se rebeller contre l'autorité magistrale. *Proh scelus ! O nefas !* A genoux. Le fouet, tout-à-l'heure.

ARLEQUIN.

Au milieu de la rue ?

M. CLÉNARD.

Oui, devant tout le monde; je ferai un exemple. Haut-de-chausse bas.

ARLEQUIN, *tirant sa batte, & se mettant en garde.*

As-tu du cœur ? mets-l'y toi-même.

M. CLÉNARD.

Air : *Et zon, zon, zon.*

Les écoliers bientôt
Fustigeront leur maître.

OPÉRA-COMIQUE.

Nous allons voir, maraut.
[*Il se jette sur Arlequin, & ils se colletent.*]

ARLEQUIN.

Ah, chien !

M. CLÉNARD, *tombant.*

Ah, double traître !

ARLEQUIN, *le frappant.*

Et zon, zon, zon,
Vous en aurez vieux Reître,
Et zon, zon, zon,
Ah vous en voulez donc !

M. CLÉNARD.

Au secours ! à l'aide ! au meurtre ! à moi !

SCÈNE IV.

ARLEQUIN, M. CLÉNARD, LA MÈRE

LA MÈRE, *poussant M. Clénard.*

Qu'est-ce que c'est donc, M. Clénard ? mere de ma vie ! je vous trouve admirable de maltraiter ainsi mon fils !

M. CLÉNARD.

Air : *Les Trembleurs.*

Vous même êtes admirable ;
C'est ce petit misérable,
Qui m'a battu comme un diable,
Et dit cent mots outrageans.

ARLEQUIN.

J'ai raison d'être en colère ;
Pourquoi me veut-il, ma mère,
Faire montrer le derrière
Devant tant d'honnêtes gens.

LA MÈRE.

Eh fi, M. Clénard; vous devriez avoir plus de honte que lui. Allez, vous n'êtes qu'un brutal. C'est vous qui m'avez gâté cet enfant-là, & qui l'avez rebuté de ses études, par vos sévérités à contre-temps. Adieu; qu'on ne remette pas les pieds chez moi.

M. CLÉNARD.

Air : *Morguienne de vous.*

Je fais mon devoir ;
C'est une bourique.

LA MÈRE.

Sortez dès ce soir,
Et point de replique.

M. CLÉNARD.

Mordienne de vous,
Et des mères folles ;
Mordienne de vous !

ARLEQUIN, *le frappant.*

Mordienne de toi-même ! A qui parles-tu ? Eh ! je prends le parti de ma mère, moi !

L'ÉNROLEMENT D'ARLEQUIN,

LA MÈRE.

Vous le méritez bien; allez vous dis-je, & que je ne vous revole plus.

Air : *Des Fraises.*

Plus de gens de votre estoc.

M. CLÉNARD.

Mère & fils, tout m'accable.

ARLEQUIN.

Pendez la férule au croc,
Monsieur, *hic*, & *hæc*, & *hoc*.
Au Diable, (*trois fois.*)

M. CLÉNARD, *d'un ton affligé.*

Hic, & *hæc*, & *hoc*.

LA MÈRE.

Partez.

M. CLÉNARD.

Eh bien, je m'en vais; mais (*à la mère*) malheur à votre fils! je l'abandonne à l'ignorance. Il me bat, vous me chassez; j'en aurai justice, & j'y mangerai mon Despautère. Je vous apprendrai à connoître Maître Nicolas Clénard, & j'en vais écrire à l'Université.

SCÈNE V.
ARLEQUIN, LA MÈRE.
ARLEQUIN.

Cris à Montmartre, si tu veux.

LA MÈRE.

Oh çà, mon fils, voilà votre dernier Précepteur, vous n'étudierez plus ; je vois bien que c'est temps perdu.

ARLEQUIN.

Air : *Allons gai.*

J'en ai l'ame ravie,
Je vous suis obligé.
Tous les jours de ma vie,
Seront jours de congé !
Allons gai, toujours gai,
D'un air gai.

LA MÈRE.

Oui ; mais c'est à condition que vous apprendrez une profession.

ARLEQUIN.

Celle qu'il vous plaira,
Larira,
Celle qu'il vous plaira.

LA MÈRE.

Celle qui te plaira à toi-même; il s'agit de choisir, & de bien choisir ; voilà le *hic*.

ARLEQUIN.

Oh, plus d'*hic*, & *hæc*, & *hoc*. Que je n'entende plus parler de cela, s'il vous plaît.

LA MÈRE.

Je veux que vous suiviez votre inclination. Mais en même-temps, je veux que vous preniez l'avis des parens de votre père, que j'ai fait assembler pour cela.

ARLEQUIN.

Pardi, puisque vous voulez que je suive mon inclination, faites-moi Pâtissier, je ne branlerai pas de ma boutique.

LA MÈRE.

Eh fi! choisis mieux que cela. Tu vois bien que

j'ai un frère Pâtissier, que je n'ai osé inviter à l'assemblée, tant il est méprisé de tes oncles. En voici déjà deux, avec qui je te laisse, pour aller mettre ordre à la collation que je leur prépare.

(*Elle s'en va.*)

SCÈNE VI.

M. GRIFFALERTE, M. MASSACRE, ARLEQUIN.

M. GRIFFALERTE.

JE vous dis, M. Massacre....

M. MASSACRE.

Je vous dis, M. Griffalerte....

M. GRIFFALERTE.

Que je veux qu'il soit de ma profession.

M. MASSACRE.

Que je veux qu'il soit de la mienne.

M. GRIFFALERTE.

Qu'il aille à Paris.

L'ENROLEMENT D'ARLEQUIN,

M. MASSACRE.

Qu'il aille à Montpellier.

M. GRIFFALERTE.

Un Barême, un Praticien François ; voilà ses armes.

M. MASSACRE.

Une seringue, & des lancettes, voilà ses épées de chevet.

M. GRIFFALERTE.

La plume, vous dis-je, la plume ; il ne faut qu'une plume, pour donner des ailes à sa fortune.

Air.....

Qu'il se fasse Maltotier,
Huissier à verge, ou Greffier,
Ou Procureur ou Notaire.

M. MASSACRE.

Il deviendra, sous ma main,
Chirurgien, Apothicaire,
Sage-Femme, ou Médecin.

Ou Médecin, mon neveu ; cela vous est *hoc.*

ARLEQUIN.

Encore de l'*hic*, & *hec*, & *hoc*; Eh, mais c'est une rage. Je vous avertis mon oncle, que je ne veux pas être Médecin déjà; parce qu'il faut étudier pour cela, & que je n'en veux rien faire.

M. MASSACRE.

Étudier ? sottise ! Qui vous dit qu'il faille étudier pour être Médecin ? Tout le latin d'un Médecin doit être seulement dans son nom. Arlequin, *Arlequinus*; Longueval [1], *Longavallès*; la Forest [2]; cela se trouve dans le Dictionnaire. Ainsi du reste.

ARLEQUIN.

Mais vous voyez comme on se mocque d'eux dans les Comédies.

M. MASSACRE.

Je le crois bien; du temps de Molière, où les Médecins étoient de vieilles gens, à califourchon sur de vieilles mulles, ensevelis dans de longues robes noires, & diseurs de grands mots Grecs,

---

[1] C'étoit le nom du Bou... de ce temps-là.
[2] Sylva. (Allusion à Sylva, Médecin.)

Latins, ou Arabes. Mais aujourd'hui, vas voir à Paris, ce que c'est qu'un Médecin. C'est un homme en carosse, agréable, bien mis, qui monte un degré légèrement, touche le bras d'une Dame avec grâce, dit cinq ou six *ita mieux*, & deux ou trois bons mots, descend, remonte en carosse; &, fouette cocher !

ARLEQUIN.

Mais encore faudra-t-il bien dire quelque chose à mes malades sur leurs maladies.

M. MASSACRE.

La belle difficulté ! n'as-tu jamais ouï crier l'Oublieux ?

ARLEQUIN, *criant l'Oublieux*.

Oh que si. Dormez-vous? M'appelez-vous? Fagottez-vous? Gribouillez-vous?

M. MASSACRE.

Eh bien, tu sais tout ton rôle. (*Il crie*) Dormez-vous? Mangez-vous? Allez-vous? Faites-vous la joie? & puis le *cristerium donare, purgare, saignare*: Voilà ta pistole gagnée.

ARLEQUIN, à *Griffalerte*.

Que dites-vous à cela, mon oncle ?

M. GRIFFALERTE.

Réponds-moi. Deux & deux, combien font-ils ?

ARLEQUIN.

Quatre.

GRIFFALERTE.

Bon.

Air : *Je ne suis né ni Roi, ni Prince*.

Te sens-tu l'ame impitoyable ?

ARLEQUIN.

J'ai le cœur dur comme le Diable.

M. GRIFFALERTE.

Et l'argent, l'aimes-tu, surtout ?

ARLEQUIN.

Dès quand j'étois à la jaquette.

M. GRIFFALERTE.

Es-tu scrupuleux ?

ARLEQUIN.

Point du tout.

M. GRIFFALERTE.

Mon ami, ta fortune est faite.

Air : *De Joconde.*

C'est de quoi faire, en un instant,
Un héros dans les Fermes ;
J'en vais, au Cousin le Traitant,
Écrire en de bons termes.

M. MASSACRE.

Un métier vaut mieux qu'un emploi.

M. GRIFFALERTE.

Oui bien pour quelque grue !

MASSACRE.

Je ne veux pas qu'il vole.

GRIFFALERTE.

Et moi,
Je ne veux pas qu'il tue.

ARLEQUIN.

Voici mon oncle la Ramée, qui vous accordera.

SCÈNE VII.

M. GRIFFALERTE, M. MASSACRE,
LA RAMÉE, ARLEQUIN.

LA RAMÉE, *en Grivois.*

SERVITEUR, Mons Griffalerte; à vous, Mons Massacre; bon jour, mon Neveu. Qu'est-ce que c'est ? On dit que vous en êtes au choix d'une profession.

ARLEQUIN.

Oui, mon Oncle; on me trouve propre à tant de choses, que chacun veut m'avoir.

LA RAMÉE, *aux deux Oncles.*

Que lui conseillez-vous, vous autres ?

GRIFFALERTE.

Moi, de lire Barème.

LA RAMÉE, *à M. Massacre.*

Et vous ?

MASSACRE.

Et moi, le Miroir des urines.

LA RAMÉE.

C'est-à-dire, que chacun de vous veut qu'il lui ressemble. Et moi, morbleu, je veux qu'il soit honnête-homme.

M. GRIFFALERTE, *en s'en allant.*

Oui, Barême; & je gage que la mère sera de mon sentiment.

M. MASSACRE, *en s'en allant aussi.*

Je gage, moi, pour le miroir.

SCÈNE VIII.
M. LA RAMÉE, ARLEQUIN.
LA RAMÉE.

Allons, Gaillard; tenez-vous droit. Bon. Le chapeau sur l'oreille; là, comme cela. [*lui prenant sa batte.*] Mettez cela sur votre épaule. Fort bien. Le poingt sur la hanche. A merveille. Fier. Marchez. [*Après qu'Arlequin a fait un tour ou deux*] Voilà un vivant comme il nous le faut. Arlequin, tu as du courage?

ARLEQUIN.
Demandez à Monsieur Clénard.

LA RAMÉE.
Veux-tu servir le Roi?

ARLEQUIN.
Oui-dà. Est-ce qu'il lui manque un laquais?

LA RAMÉE.
L'animal!

Air: *Du Roi de Cocagne.*

Mon cheval & lui feroient la paire,
Lorsque l'on te dit cela,
C'est qu'on veut te mener à la guerre.

ARLEQUIN.

Et quel pays est-ce là ?

LA RAMÉE.

Tu n'as qu'à faire avec moi la campagne,
Et lon lan la,
Et tu verras
Comme tu riras;
C'est un pays de cocagne.

ARLEQUIN.

On se divertit bien à la guerre?

LA RAMÉE.

Air : *Prince de Savoie, à quoi penses-tu?*

Les plaisirs, en foule,
Marchent avec nous;
Tant que l'argent roule,
Nous faisons les fous.

S'il manque, le Grivois
Fait fléche de tout bois,
Et va, plumant la poule,
Chez le Villageois.

ARLEQUIN.

Il me semble qu'il y a bien du remuement dans tout cela; & je tiens un peu de la marmotte en vie, moi; j'aime le repos.

LA RAMÉE.

Du repos ? Nous en avons tout notre soul, quand on nous met en quartier.

ARLEQUIN, *effrayé*.

En quartier ! fi, au Diable ! je ne veux pas qu'on me mette en quartier, moi.

LA RAMÉE.

En quartier d'hiver, innocent. Là, quand on nous plante dans un bon village, où tout abonde.

ARLEQUIN.

Ah! bon, cela.

Tome V. P

LA RAMÉE, *gaiement.*

Air : *Boire à son tirelire.*

L'on y prend du bon temps,
On joue, on fainéante.

ARLEQUIN.

Oh, je suis de vos gens.

LA RAMÉE.

L'on boit, l'on rit, l'on chante.
La nuit, le jour,
Dans ce séjour.

ARLEQUIN.

Et point de tirelire lire,
Et point de toureloure loure,
Et point d'amour ?

LA RAMÉE.

Pardonnez-moi ; en prend qui veut. Les filles courent après nous, comme nous courons au feu.

Air : *Toque, mon tambourin, toque.*

En reconnoissance,
Quand le jeu nous plaît,

Pour les mettre en danse,
Le Régiment fait
Toquer le tambourin,
Toque,
Toquer le tambourinet.

ARLEQUIN.

Vous leur donnez le bal, là... comme il faut?

LA RAMÉE.

Oui, & quand elles sont retirées:

Air: *Une Perruquiere.*

La nuit, sans paroître,
Nos gens quelquefois,
Font à leur fenêtre
Jouer les hautbois.

Air: *Du camp de Porcher-Fontaine.*

Mais pour elles nous ne poussons
Que des soupirs à la dragonne.
A bonnes filles, bons garçons;
C'est la méthode, & c'est la bonne.
Patapatapan, patapatapan, pan, pan.
Nous les menons tambour battant,

ARLEQUIN.

Mardi, mon oncle la Ramée, vous me mettez le cœur au ventre. Je suis brave garçon.

Air: *C'est à toi, mon camarade.*

Puis qu'on a toujours le verre
Et quelque fillette en main,
Je veux aller à la guerre, guerre, guerre.
Vive la guerre ! à la guerre dès demain.

Mais, c'est à condition que je serois en quartier d'hiver, le Printemps, l'Été, l'Automne, & les trois mois suivans.

LA RAMÉE.

Oh, mais, il faudra bien partir à l'ordre.

ARLEQUIN.

Comment, à l'ordre ? Quel ordre ?

LA RAMÉE.

A l'ordre du Roi, qui nous mandera de partir.

ARLEQUIN.

Oh, je ne crains point qu'il me le mande, à moi ; nous ne sommes point en commerce de lettres ; il ne sait pas seulement si je suis au monde.

LA RAMÉE.

Tu crois donc que la campagne n'a pas ses avantages, ainsi que le quartier d'Hiver?

Air : *Cavalerie, prends bien garde à nos Dragons.*

C'est en campagne,
Que l'on se peut signaler;
C'est-là qu'on gagne
De quoi rouler,
Soit en maraude,
Soit qu'on nous mène en parti.

ARLEQUIN.

L'on vous échaude
Souvent aussi.

Car, je m'imagine qu'il ne fait pas trop sûr, partout où vous dites là.

LA RAMÉE.

Eh mais, pas tout-à-fait. On court souvent risque d'être pendu, presque toujours d'être tué. L'un ou l'autre t'arrivera peut-être quelquefois. Mais il n'y faut pas prendre garde de si près.

ARLEQUIN, *ironiquement.*

Oh que non, dès que cela n'arrive pas tous les jours.

LA RAMÉE, *gaiement.*

D'ailleurs, la campagne est un lit d'honneur, où c'est un plaisir de mourir. Vous n'avez pas le temps de vous ennuier. Tantôt à l'assaut; tantôt dans une bataille; aujourd'hui sur une brêche: demain dans un combat, (*la Ramée fait comme s'il étoit dans une action*) pif, paf, tique, taque, pouc, brelou-boubou. Fantassins, ventre à terre! (*Arlequin tombe*) A moi Dragons! allons mon Général, j'en suis.

ARLEQUIN, *se relevant.*

Et moi, je n'en suis plus.

LA RAMÉE.

Air : *Tant pis pour elle, ou j'en ris comme elle.*

Si quelques balles de fusils
 Font sauter la cervelle,
On en parle dans le pays.

Et d'une mort si belle,
Mon neveu, la gloire est le prix.

ARLEQUIN.

Maugrebleu d'elle !
Votre neveu n'est pas glorieux, mon oncle; votre neveu n'est pas glorieux.

LA RAMÉE.

Je te veux donner un nom de guerre. Allons, morbleu ! appelle-toi la Terreur. Empare-toi, dès-à-présent de ce nom là. La Terreur !

ARLEQUIN.

Ma foi, je sens que c'est le nom dès-à-présent qui s'empare de moi.

LA RAMÉE.

Air : *Y-avance.*

Je te vais tout présentement
Donner l'habit du Régiment,
Et nous verrons ta contenance.

ARLEQUIN.

Y-avance, y-avance, y-avance.
Avec ton habit d'ordonnance.
Ah ! voilà mon oncle le Pâtissier. [*avec joie.*]

SCÈNE IX.

LA RAMÉE, ARLEQUIN, LE PATISSIER, *portant un clayon couvert de petit métier.*

ARLEQUIN, *prenant du petit métier sur le clayon.*

(*Au Dragon*).

Air : *Vive les gueux.*

Vous m'en voulez faire accroire,
Avec vos coups
Et votre diable de gloire.
Courez-y tous.

(*S'emplissant la bouche de petit métier*).

J'en reviens au petit métier
Du Pâtissier.

LE PATISSIER.

Ah, vous voilà, mon frère la Ramée.

LA RAMÉE.

Serviteur, serviteur.

LE PATISSIER.

Bon jour, mon neveu; c'est votre mère qui a envoyé chercher cela.

ARLEQUIN.

C'est qu'elle donne aujourd'hui une collation; mais elle ne croyoit pas que vous apporteriez cela vous-même. N'avez-vous pas un apprenti?

LE PATISSIER.

Oui; mais c'est notre femme qui a voulu que je vinsse.

Air: *Lonlanla derirette.*

Elle m'a dit qu'à la maison
Je laissasse notre garçon,
Lonlanla derirette,
Qu'elle avoit affaire de lui,
Lonlanla deriri.

LA RAMÉE.

Et tu laisses comme cela ta boutique?

L'ENROLEMENT D'ARLEQUIN,

LE PATISSIER.

Et qu'y a-t-il à craindre ?

LA RAMÉE.

Air : M. le Prévôt des Marchands.

Ton garçon te voyant absent,
Peut-être s'avise à présent,
De mettre la main à la pâte,
Et d'enfourner mal-à-propos ;
C'est de la besogne qu'il gâte,
Et tout cela c'est sur ton dos.

LE PATISSIER.

Oh, que nenni ; j'ai la clef du four. Tudieu, quelque niais... Mais je ne songe pas qu'on attend ceci. (*il veut s'en aller.*)

ARLEQUIN, *l'arrêtant.*

Attendez, attendez, mon oncle ; n'entrez pas

LE PATISSIER.

Pourquoi ?

ARLEQUIN.

C'est qu'il y a là des parens de mon père ; & ma mère dit comme ça que vous êtes, vous autres, des vilains, qui ne devez pas frayer avec eux, parce que cela leur feroit déshonneur.

LA RAMÉE.

Comment, morbleu, déshonneur!

LE PATISSIER.

Elle a dit cela, la chienne?

LA RAMÉE.

Déshonneur! moi, qui suis tout cousu de coups de sabre, ventrebleu!

LE PATISSIER.

Et moi, qui suis filleul de Madame l'Élue.

LA RAMÉE, *s'en allant.*

Qu'ils ne se trouvent pas devant moi.

LE PATISSIER.

Je me moque de cela, moi; je vais entrer & chanter pouille à ma sœur, comme il faut.

SCÈNE X.

ARLEQUIN, seul.

Peste soit des avis de parens! L'un me veut mener voler, l'autre me mener pendre: celui-ci veut que je tue; celui-là que je sois tué. Ah, voici mon cousin de Ruzignac. Il me conseillera mieux que tout cela; je veux le consulter.

SCÈNE XI.

ARLEQUIN, RUZIGNAC.

RUZIGNAC.

Mon cher, enfin te voilà débarrassé de ton Précepteur; je t'en félicite. Eh bien, que veut-on faire de toi?

ARLEQUIN.

Toutes sortes de choses, dont pas une ne me plaît. Mais vous, cousin Ruzignac, qui passez dix mois de l'année à Paris, & qui revenez, fait

comme un Marquis, sans avoir un sol de rente;
dites-moi un peu :

Air : *Je ne suis né ni Roi ni Prince.*

Apprenez-nous, ce que vous faites ;
Quelle espèce d'homme vous êtes,
Et quel est donc votre métier ?

RUZIGNAC.

J'exerce la Chevalerie.

ARLEQUIN.

Qui, vous, mon cousin, Chevalier !
Et de quel Ordre ?

RUZIGNAC.

D'industrie.

Et l'un des grands Colliers même. On pourroit t'y faire entrer ; mais tu n'es pas assez dégourdi.

ARLEQUIN.

Hélas ! il est vrai ; je suis un fainéant, un balourd ; je ne veux, ni ne peux rien faire ; & cependant, bon gré, malgré, on veut, & il faut, que je prenne une profession ; & cela, parce que je suis homme.

L'ENROLEMENT D'ARLEQUIN,

RUZIGNAC.

De façon que tu voudrois bien être femme.

ARLEQUIN.

Assurément ; je ne serois pas dans l'embarras où je suis.

Air : *Flon, flon.*

Aux femmes, tout abonde,
Par un don singulier :
Toutes n'ont dans ce monde,
Que le joli métier
De flon, flon, larira dondaine,
Flon, flon, larira dondé.

RUZIGNAC.

Il est vrai, voilà toute l'occupation d'une jolie femme.

Air : *Faire l'amour, la nuit & le jour.*

Savoir se rengorger,
Et ne songer qu'à plaire,
Dormir, boire & manger,
Jouer, médire & faire
L'amour,
La nuit & le jour.

ARLEQUIN.

Jarni, que c'étoit bien là mon vrai ballot. Ah! Monsieur le Chevalier d'industrie, si vous étiez assez adroit pour me faire devenir femme!

RUZIGNAC.

Oui-dà, cela n'est pas impossible.

ARLEQUIN.

Quel conte! Vous me feriez devenir femme?

RUZIGNAC.

Oui, femme, à quelque chose près; mais presque rien.

ARLEQUIN.

Je n'imagine pas cela.

RUZIGNAC.

Tu en auras, du moins, les emplois, la molesse, & les priviléges.

Air : *Ma pinte & m'Amie.*

Noircis-moi ton casaquin,
Tête de linotte;
Parfume-toi de jasmin,
Et de bergamotte;

Endosse un petit manteau,
Et, sur ton petit cerveau,
Pose une calotte,
O gué,
Pose une calotte.

Trois doigts de linge empesé sous le menton; avec cela te voilà plus des trois quarts femme. Mais non, tiens; cela ne t'iroit pas. Tu n'as pas l'air assez fripon pour être Abbé. Laisse-moi rêver. [*Après avoir rêvé.*] Ah parbleu ! voici ton fait. Je le tiens. Diable ! un excellent métier celui-ci ! Lucratif.

ARLEQUIN.

Cela est bon.

RUZIGNAC.

Où il n'y a chose au monde à faire.

ARLEQUIN.

Tant mieux, voilà ce qu'il nous faut. Voyons; de quoi s'agit-il ?

RUZIGNAC.

D'aller à Paris.

ARLEQUIN

ARLEQUIN.

Nous irons.

RUZIGNAC.

D'être parfaitement sot.

ARLEQUIN.

Ah, ce n'est pas là la difficulté. Vous savez bien.....

RUZIGNAC.

Et d'avoir une belle femme.

ARLEQUIN.

Il y a justement une jolie Comédienne qui m'épousera quand je voudrai.

RUZIGNAC.

Ventrebleu! c'est jeu sûr! malepeste, épouse vite & partons. Le Chevalier de Ruzignac se charge du reste.

ARLEQUIN.

Et vous dites?

RUZIGNAC.

Air: *O gué lanla.*

Chez toi, par préférence,
Avec cela,

L'ENROLEMENT D'ARLEQUIN,

La corne d'abondance
S'épanchera ;
Tout le monde te flattera,
Te caressera,
C'est à qui t'aura :

ARLEQUIN & RUZIGNAC *ensemble.*

O gué lanla, lanlaire,
O gué lonla.

ARLEQUIN.

Oh, je n'y perdrai point de temps. Tenez, j'apperçois Laurette, qui est celle dont je vous parle : laissez-moi disposer les choses. A revoir..... [*courant après*] dites-moi encore ; je m'avise pourtant d'un métier qui me plairoit assez, si....

RUZIGNAC.

Ah rien n'empêche : on peut faire avec cela le métier que l'on veut, être homme d'épée, homme d'affaires, tout ce qu'on voudra. Il n'y a jamais d'incompatibilité.

SCÈNE XII.
ARLEQUIN, LAURETTE.

ARLEQUIN.

Air : Digue, diguedon.

Parlez; m'aimez-vous, ma Reine ?
Mais là, tout de bon, digue dondaine.

LAURETTE.

Oui, je vous aime à la passion ;
Je ne puis le cacher, ni vous dire que non.

ARLEQUIN.

Puisque la chose est certaine,
Marions-nous donc, digue dondaine.
Marions-nous donc, digue dondon.

LAURETTE.

Air : La TESTARD,

De tout mon cœur, Arlequin.

ARLEQUIN.

De tout mon cœur, ma Laurette.

L'ENROLEMENT D'ARLEQUIN,

LAURETTE.

Pour gage, voilà ma main :

ARLEQUIN.

Et la mienne est toute prête.

ARLEQUIN & LAURETTE.

Marions, marions, marions-nous ;
Tope, l'affaire en est faite.
Marions, marions, marions-nous.

LAURETTE, *changeant d'air.*

Air : *La mirtamplin.*

J'y voulois venir tantôt,
Ton offre m'enchante.
Sans tourner autour du pot.

ARLEQUIN & LAURETTE.

Marions-nous, tantirelarigo.

LAURETTE *seule.*

Me voilà contente.

ARLEQUIN, *avec un air transporté de joie.*
(*à part.*)

Et moi cocu.

SCÈNE XIII.

M. GRIFFALERTE, M. MASSACRE, ARLEQUIN, SA MÈRE, LE PATISSIER, LAURETTE.

LA MÈRE.

Eh bien, as-tu fait tes réflexions ?

ARLEQUIN.

Oui, ma mère, voilà qui est fait. J'ai pris mon parti.

GRIFFALERTE.

Financier ?

ARLEQUIN.

Non ; point de plume.

M. MASSACRE.

Barbier ?

ARLEQUIN.

Ni au poil, ni à la plume.

LE PATISSIER.

Pâtissier, Pâtissier ? N'est-ce pas, Pâtissier ?

ARLEQUIN.

Je ne dis pas que non ; mais pour à présent, je ne veux être qu'une chose.

TOUS ENSEMBLE.

Quoi donc ?

ARLEQUIN.

Marié avec une jolie femme.

Air : *Talaleri.*

Je cours où mon astre m'appelle ;
Et pour y plutôt parvenir,
A cette aimable Demoiselle,
Vous me voyez prêt à m'unir.

LA MÈRE.

On s'est moqué de toi, mon pauvre Arlequin. Tu aimes cette jeune personne ; à la bonne-heure, on ne s'oppose pas à ton inclination. Mais choisis donc un autre métier ; le mariage n'en est pas un qui suffise tout seul.

ARLEQUIN, *d'un air dépité.*

Oh bien, c'est trop lanterner ; je les choisis tous pour contenter les fantasques.

LA MÈRE.

Parle donc sérieusement.

ARLEQUIN.

Air : *Ma raison s'en va bon train.*

Je vous parle tout de bon,
Oui, je veux être Dragon,
Barbier, Pâtissier,
Sage-Femme, Huissier ;
Je veux être Notaire,
Marquis, Auteur, & Savetier,
Roi, Prince, Apothicaire,
Lonla,
Roi, Prince, Apothicaire.

GRIFFALERTE.

Voilà ce qui s'appelle un maître fou.

ARLEQUIN.

Mon oncle, vous vous trompez. Cela s'appelle un Comédien. Un Comédien n'est-il pas tout cela ? Et je veux l'être, moi, entendez-vous.

GRIFFALERTE, *étonné*.

Ah, ah, je ne m'attendois pas à lui trouver une espèce de raison.

LAURETTE.

Je suis au comble de mes vœux. Vas, mon cher Arlequin, vas trouver nos camarades, & qu'ils viennent ici célébrer notre mariage & notre reception.

ARLEQUIN, *en s'en allant, chante la fin du dernier Couplet.*

Roi, Prince, Apothicaire,
Lonla,
Roi, Prince, Apothicaire.

SCÈNE XIV.

M. GRIFFALERTE, M. MASSACRE, LAURETTE, LA MÈRE, ET LE PATISSIER.

GRIFFALERTE.

NE croyez pas que nous souffrions qu'il se fasse Comédien. Comédien ! fi donc !

LAURETTE.

Qu'appelez-vous fi donc ? fi vous-même ! Les noms de Sganarelle & de Pasquin, sont bien aussi honorables, à ce que je crois, que ceux de Griffalerte & de Massacre. Eh mort-non de ma vie, tous les hommes ne sont-ils pas Comédiens ? Et qui êtes-vous tous les deux ? Sinon, vous un vendeur de baume ; & vous, un vendeur de paroles, aussi bien que nous ? Ne jouez-vous pas la Comédie, dans vos consultations burlesques, quand vous promettez, vous, la vie à qui se meurt ; vous, gain de cause à celui qui a tort !

Quels rôles ne jouez vous pas, si on en excepte celui d'honnête-homme ? Oui, Messieurs, vous êtes des Comédiens comme nous, avec la seule différence, que vous en êtes de très-fâcheux; qu'on vous hait & qu'on nous aime; qu'on vous fuit & qu'on nous cherche; que vous traînez après vous le deuil & la tristesse, & que nous répandons partout le plaisir & la joie.

LE PATISSIER.

Air : *G'nia pas de mal à ça.*

Comme la Donzelle
Vous arrange cela !
Daubez bien, la Belle,
Sur ces Messieurs là.
G'nia pas de mal à ça,
G'nia pas de mal à ça.

GRIFFALERTE.

Franchement, j'ai souvent pensé comme elle, sans l'avoir osé dire. La Belle enfant, vous raisonnez trop bien pour faire le métier que vous faites. Il faut vous tirer delà....

LAURETTE.

Me tirer delà! Et qui vous diroit qu'il me prend fantaisie, à moi, de vous tirer d'ici tous, & de vous enrôler! Oui, vous!

GRIFFALERTE.

Nous faire Comédiens! nous?

LAURETTE.

Et vous qui parlez, tout le premier. Savez-vous bien, Monsieur Griffalerte, que vous avez l'air trop noble, pour porter la robe. Examinez-moi bien ce port là!

GRIFFALERTE.

Tout de bon, Laurette, tu crois......

LAURETTE.

Je crois, je crois que nous n'avons pas un Prince dans nos Piéces, dont vous n'ayez quelque chose.

Air : *Du Cotillon, des Fêtes de Thalie.*

La tête de Britannicus,
Le nez de Titus,
Le bras de Pyrrhus,

L'os de la jambe d'Hyppolite,
Avec le molet
Et le jarret
De Bajazet,
Voyons si vous l'avez souple. [*Elle le prend par les mains & le fait danser, en finissant l'air*].
Talala, talerala,
Talaritatou, parlez-moi de cela.
Voilà nos Princes; vous viendrez, vous dis-je:
(*Elle lui parle à l'oreille*).
Il y a une Belle parmi nous, qui n'en seroit pas fâchée.

GRIFFALERTE, *bas.*

La liasse de Factums.

LAURETTE.

Vous y êtes.

GRIFFALERTE.

Air : *Amis, sans regretter Paris.*
Parbleu, mon frère, tâtons-en,
Et courons les Provinces;
J'ai fait assez le grapignan,
Je veux faire les Princes.

MASSACRE.

Eh! quel diable de rôle pourrai-je faire, avec mon air bourru?

LAURETTE.

Vous, Monsieur Massacre? Excellent pour les Rois maussades, les Pharasmanes, les Atrées, les Hérodes. [*à la mère*] Et vous, Madame, ne croyez pas que nous vous laissions simple bourgeoise, pendant que nous mettrons ces Messieurs-là sur le Trône. Nous avons dans notre bagage un habit de Reine, qui ira aussi bien sur vos épaules que sur les nôtres.

LA MÈRE.

Je n'ai ni voix ni talent.

LAURETTE.

Il s'agit bien de cela? une jolie femme monte-t-elle sur le théâtre pour être bonne Comédienne?

Air: *Tes beaux yeux, ma Nicole.*

Paroît-on sur la Scène
Pour y bien déclamer?

Et se donner la peine
De s'y faire estimer ?
Non, non, quand on s'expose,
Et qu'on se montre là ;
C'est pour une autre chose
Qui vaut mieux que cela.

LA MÈRE.

Allons, puisque mes beaux-frères en sont, volontiers.

LE PATISSIER.

Et moi donc, & moi; est-ce que je ne ferai rien ?

LAURETTE.

Air : *Jean Gile.*

Viens, toi, tu feras le Gile,
Jean Gile, Gile joli Jean,
Cela te sera plus facile,
Jean Gile....

LE PATISSIER, *sautant de joie.*

Ah! Oui, oui; jarnicoton; j'allons bien tire. Allons, partons demain.

Air : *Lonlanla derirette.*

Je suis prêt dès le point du jour :
Adieu la femme, adieu le four,
 Lonlanla derirette;
Y mette cuire qui voudra,
 Lonlanla derira.

SCÈNE XV & *dernière.*

TOUS LES COMÉDIENS, *habillés pour le ballet, en gens de toutes sortes de Professions.*

ARLEQUIN, & *les Acteurs de la Scène précédente.*

LAURETTE, *leur présentant les oncles, & la mère d'Arlequin.*

Tenez, Camarades, voilà une recrue que je viens de faire à la Troupe. Ces Messieurs.....

ARLEQUIN.

Quoi! mes oncles ?

LAURETTE.

Et Madame.

ARLEQUIN.

Et ma mère ?

LA MÈRE.

Air : *Ma mère étoit bien obligeante.*

Laurette a l'humeur engageante,
Je n'ai pu lui faire un refus.

LAURETTE.

Allons, qu'on danse & qu'on chante :
Vivent les nouveaux venus.

ARLEQUIN.

Ma mère étoit bien obligeante ;
Mais elle va l'être encor plus.

DIVERTISSEMENT.

(*On danse.*)

VAUDEVILLE.

OPÉRA-COMIQUE.
VAUDEVILLE.

Mademoiselle DE LISLE.

Air:

QUOIQUE, dans ce siècle plaisant,
L'un de l'autre l'on se défie;
L'un de l'autre on paroît content;
Tout le monde se falsifie,
 Qu'est-ce que cela,
  Larira?
N'est-ce pas jouer la Comédie?

Mademoiselle VARIN.

DAMON, Chevalier indigent,
En conte à la vieille Émilie,
Qui n'épargne pas son argent
A qui lui dit qu'elle est jolie.
 Qu'est-ce que cela? &c.

Mademoiselle DE LISLE.

TANT qu'on admire un Bel-Esprit,
Avec plaisir il s'humilie.
Moquez-vous de ce qu'il écrit,
Vous connoîtrez sa modestie.
 Qu'est-ce que cela? &c.

Mademoiselle SAINT-GERMAIN.

TELLE Prude, qui, devant tous,
Porte un air de mélancolie;
Sous deux ou trois doigts de verroux,
A tous les rats de la folie.
 Qu'est-ce que cela, &c.

Mademoiselle DE LISLE.

UN Époux, traître à sa Moitié,
Des plus doux noms la gratifie;
Elle redouble d'amitié,
Parce qu'elle le cocufie.
 Qu'est-ce que cela,
 Larira,
N'est-ce pas jouer la Comédie?

F I N.

LES HUIT MARIANNES,

PARODIE

EN UN ACTE.

Représentée, pour la première fois, à l'Hôtel de Bourgogne, par les Comédiens Italiens, en Mai 1725.

AVERTISSEMENT DE L'AUTEUR.

Si, malheureusement, le Misantrope n'avoit pas dit, que le temps ne fait rien à l'affaire, je prierois le Lecteur d'avoir, pour cette Pièce, la même indulgence qu'eut le Spectateur. L'idée en a paru assez heureuse; & ce fut avec regret que je me refusai le plaisir de la mieux travailler. Mais les MARIANNES venoient d'inonder les Théâtres; & il étoit important de ne pas laisser refroidir le Public sur cette singulière nouveauté. Il falloit donc concevoir la Pièce, l'écrire, & préparer les Acteurs, en moins de douze ou quinze jours. Ce n'est pas tout, j'avois encore à gagner de vitesse un Comédien François, qui travailloit, avec la plus grande diligence, à une Parodie de la *Marianne* de M. de Voltaire. Comme ce genre d'écrire est très-commode pour quiconque veut ménager le temps, l'esprit & l'imagination, la foule des Parodies alloit égaler celles des *Mariannes*. D'ailleurs, ces sortes de farces, faisant beaucoup plus de profit aux Comédiens, que d'honneur aux Auteurs, elles obtiennent la préférence aux Italiens, plus curieux, avec raison, d'une bonne recette, que de la gloire de l'Écrivain.

VERS A DOMINIQUE,

en lui envoyant le rôle de SULTAN-PUBLIC,
dans mes HUIT MARIANNES.

FILS d'un homme [1] sur qui Thalie
S'épuisa d'amour & de soins ;
Qui, préférant la France à l'Italie,
Ne sembla t'y donner la vie,
Qu'afin qu'on l'y regrettât moins ;
Toi qui, depuis Molière, en France,
As, comme lui, seul à la fois,
De Roscius [2] & de Térence,
Exercé les scabreux emplois ;
DOMINIQUE, à mon gré, préférable à tous autres,
Pour Toi, j'ai composé ce rôle de Sultan,

---

[1] Le fameux Arlequin de l'ancien Théâtre Italien, que son Fils nommoit majestueusement ARLEQUIN I, du même ton qu'il se nommoit & se glorifioit d'être le premier TRIVELIN du Royaume.

[2] On a un Recueil de ses Pièces sans nombre, toutes oubliées, excepté *Agnès de Chaillot*, qui n'est pas de lui.

Qui couronne ou proscrit tes travaux & les nôtres,
Et qui régne sur nous en vrai Prince Ottoman.
Je ne te parle pas de faire diligence ;
Prose & vers t'ont été familiers dès l'enfance :
Ils sont dans ta mémoire en un moment gravés.
Je prétends encor moins, en Auteur d'importance,
Te faisant du Public un portrait en substance,
Aider de mes leçons, tes talens éprouvés :
  Le personnage est de ta connoissance,
J'en sais bien moins de lui, que tous, vous n'en savez.
  Depuis long-temps ensemble vous vivez,
Et vous & lui vivez en bonne intelligence.
Parois donc mécontent, dédaigneux, dégoûté ;
Tel qu'est, le plus souvent, le barbare Parterre,
  Quand on donne une nouveauté.
Tel que de jour en jour il devient pour *V*....[1] ;
Tel que, pour *La Chaussée*, on le voit d'ordinaire,
Et tel que pour *Nadal*[2] il a toujours été.

---

 1 On venoit de très-mal recevoir *Marianne*, *Brutus*, & *Artémise*.

 2 NADAL avoit aussi donné une Tragédie de *Marianne*.

VERS A DOMINIQUE.

Je ne dis rien non plus de ce ton phrénétique
    Qu'il te faudra prendre à la fin :
Eh! qui sait mieux que toi travestir le tragique?
Le Marais retentit encor du ris malin,
Qu'excita le pendant de l'organe héroïque,
Dont *Baron*[1] fit frémir le Fauxbourg Saint Germain.
De la part seulement des Filles de Mémoire,
J'écris, pour te prier d'adopter leur enfant :
Il leur devra le jour ; mais, s'il est triomphant,
    C'est à toi qu'il devra sa gloire!

---

1 DOMINIQUE, dans *Agnès de Chaillot*, faisant le rôle du *Bailli*, parodie de celui d'*Alphonse*, venoit de parfaitement bien réussir à imiter BARON.

PERSONNAGES.

LE PUBLIC-SULTAN, *Dominique.*

BACHA-BILBOQUET, *Confident du Sultan-Public.*

VISIR-POLICHINELLE.

APOLLON, *Chef des Eunuques du Serrail.*

HÉRODE, *le Chanteur.*

MARIANNE *l'Inconnue, Scaramouche.*

MARIANNE *de l'Abbé Nadal, Pantalon.*

MARIANNE *de Voltaire, Arlequin & Sylvia.*

MARIANNE *de Tristan l'Hermite, Fabia.*

LES quatre MARIANNES *de Fuzelier.*

UN EUNUQUE *du Serrail.*

LA REINE DES PÉRIS, *Personnage muet.*

La Scène est dans le Serrail du Sultan.

LES HUIT MARIANNES,
PARODIE EN UN ACTE.

SCÈNE PREMIÈRE.

APOLLON, LE SULTAN, *habillé à la turque, il a, pour sceptre, un grand siflet.*

APOLLON.

JE viens, avec respect, me rendre à mon devoir :
Vous avez, m'a-t-on dit, grand desir de me voir.
Puis-je apprendre, Seigneur, ce qui l'aura fait naître
Et pourquoi, mon Sultan, mon Souverain, mon Maître,
Le Public, a mandé son esclave Apollon ?

LE SULTAN.

C'est pour vous avertir, mon petit violon,
Que le Maître n'est point content de son esclave ;
Que je suis mal servi ; qu'il semble qu'on me brave ;

Et que si je ne suis bientôt mieux satisfait ,
Nous allons, vous & moi, nous brouiller tout-à-fait.

APOLLON.

Quoi! pour votre service, en butte à mille outrages,
J'affronte aveuglément les plus fâcheux orages ,
Les sifflets, la disette , & quelquefois les coups!
Et je ne pourrai pas du moins compter sur vous ?

LE SULTAN, *fièrement.*

Non, je veux qu'on m'amuse & qu'on me divertisse;
Qu'on ne s'en mêle point, ou qu'on y réussisse ;
Mon serrail, des Beautés, jadis le rendez-vous,
N'est plus qu'un triste lieu d'ennuis & de dégoûts.
Que pour moi votre zèle autrement s'évertue !
De Sultannes bientôt qu'on fasse une recrue.
Point de retard; du beau ; vite , & me contentez
Ou vous n'êtes plus Chef des Eunuques. Partez.

APOLLON, *humblement.*

J'obéis ; mais Seigneur, soit dit sans vous déplaire,
Je ne sais presque plus comment vous satisfaire.
De votre vieux serrail les appas surannés
Sont de tout votre amour les objets fortunés.

PARODIE.

Le temps qui détruit tout, vainement les attaque
Monime, Iphigénie, Athalie, Andromaque,
(La Françoise, s'entend) ont toujours votre cœur,
Et malgré l'âge encor conservant leur faveur,
D'un jeune amant en vous, éprouvent la tendresse.

LE SULTAN.

Que ne me pourvoit-on d'agréable jeunesse?

APOLLON.

Oseroit-elle, hélas! se présenter à vous!
Quand vous dormez près d'elle, ainsi qu'un vieil époux!
Que presque en l'abordant votre feu se rétracte;
Et que vous ne passez qu'à peine un troisième acte?
Ce n'est pas là son compte au moins.

LE SULTAN.

                          Qui s'en plaint?

APOLLON.

                               Qui?
Tant de tendrons tous neufs, déjà mis en oubli,
La Sultanne Hersilie, une amante ingénue,
La Sultanne Artemire, Héroïne inconnue,
Que je fis, sur Pégaze, au galop, comme un fou;

Croyant vous ragoûter, chercher, je ne sais où.
Sultanne Nitétis ¹.....

Le Sultan

Nitétis ! ah, pour elle,
Par une complaisance, en moi peu naturelle,
J'ai souvent, sans plaisir, été la visiter :
Elle à tort de se plaindre.

Apollon.

Hélas ! à l'écouter,
Vous étiez, dans le fonds, un galant bien barbare,
Et du mouchoir, pour elle, étrangement avare.

Le Sultan.

Il est vrai ; mais enfin c'est votre faute aussi,
Quelle espèce d'objets m'amenez-vous ici ?
Des monstres, contre qui la voix du cœur murmure,
Formés tous en dépit de l'aimable Nature,
Et pour en parler net, de l'Art, enfans morts-nés,
Sur la seule étiquette aux sifflets condamnés.

---

1 Nitétis fut assez suivie, quoique peu goûtée; &, malgré la foule des reconnoissances, tout le monde en sortoit, sans avoir été ému.

PARODIE.

Que ne présentez-vous à ma galanterie,
Des beautés dont je puisse avoir l'ame attendrie ?

APOLLON.

Et la Sultanne Inès !

LE SULTAN.

Morbleu ! j'en suis si las,
Qu'on me rend un service, en ne m'en parlant pas.
Elle a reçu de moi ma dernière visite.
Elle est de ces beautés, qui, malgré leur mérite,
Ne sauroient pour long-temps s'assujettir un cœur;
Tiens, cela ne sait pas rappeler son buveur.

APOLLON.

Inès, Seigneur, Inès ! que vous trouviez si belle !

LE SULTAN.

Le jour m'a détrompé du fard de la chandelle;
Et n'y voyant plus rien de ce qui m'a séduit,
Ce n'est plus qu'une Actrice, en cornette de nuit.
Eh quoi, rien de nouveau ? Point d'ame sans foiblesse?
Et toujours, sous mes yeux quelque sotte Princesse,
Qui, pleine d'un amour foiblement combattu,
Ne parle à tout venant qu'honneur & que vertu

Et toutesfois au fond n'est qu'une libertine?
Ne trouverai-je point quelque brave Héroïne,
Intraitable, farouche, & dont le cœur altier,
Au moindre mot d'amour n'ait jamais fait quartier;
Un prodige.....

APOLLON.

Attendez, mon Commissionnaire,
M'a de la Palestine envoyé votre affaire;
La Dame assurément sera tout votre fait.

LE SULTAN.

Voyons-la donc. Hola hé, Bacha-Bilboquet?
Que l'on fasse avertir Visir-Polichinelle.
Comment la nommez-vous?

APOLLON.

Marianne.

LE SULTAN.

Elle est belle?

APOLLON.

A peindre.

LE SULTAN.

Jeune?

APOLLON.

A l'âge où vous les desirez.

PARODIE.
LE SULTAN.
De l'esprit ?
APOLLON.
Tant & plus.
LE SULTAN.
Bien faite ?
APOLLON.
Vous verrez.
LE SULTAN.
Et fière, dites-vous ?
APOLLON.
D'une froideur piquante.
LE SULTAN.
Ah, ne me laissez pas languir dans mon attente !
Vite ! envoyez-la moi.

(Apollon sort.)

SCÈNE II.

SULTAN-PUBLIC, VISIR-POLICHINELLE.

LE SULTAN, *continuant, & embrassant Polichinelle avec transport.*

Visir ! je suis heureux !
Apollon me va mettre au comble de mes vœux :
Je vais voir enrichir mon serrail d'une Dame....
Marianne ! à ce nom, je sens déjà mon ame
Réveiller sa tendresse, & prête à s'émouvoir....
A ma place, Visir, il faut la recevoir.
Pour un moment, ailleurs quelque affaire m'appelle.
Dans son appartement, en conduisant la Belle;
Examinez-la bien, je sais votre bon goût.

[*Il s'en va, puis revenant sur ses pas*].
Polichinelle, au moins, n'examinez pas tout.

SCÈNE III.
POLICHINELLE, *seul.*

Isir, as-tu du cœur? fais un coup de ta tête!
Le Public en veut trop: ravis lui sa conquête.
Muses, jours & nuits, la montagne en travail,
Fournit à ses plaisirs, & lui peuple un serrail.
Heureux confident de ses bonnes fortunes,
N'en oserai-je donc escroquer quelques-unes?
L'Amour, en cas pareil, corrompt plus d'un agent;
Et d'ailleurs le Public est un Prince indulgent.

[*Il chante brusquement.*]

Air: *Ma pinte & m'Amie, ô gué.*

Qui pardonnera, je croi,
   Cette bagatelle;
Au lieu de chez lui, chez moi,
   Conduisons la Belle;
Tout le premier, il rira,
Quand Marianne il verra,
   Chez Polichinelle,
      O gué,
   Chez Polichinelle.

SCÈNE IV.
POLICHINELLE, UN EUNUQUE
L'EUNUQUE.

UNE Dame qu'un voile empêche qu'on ne voie,
Et qui dit que du Pinde, au Public on l'envoie,
De la part d'Apollon demande à lui parler.

POLICHINELLE, *gravement*.

Faites entrer.

SCÈNE V.
POLICHINELLE, LA PREMIÈRE MARIANNE[1], *voilée & représentée par Scaramouche.*

POLICHINELLE, *lui voulant lever son voile par force.*

MADAME, il faut vous dévoiler.

Air : *Du Cotillon, des fêtes de Thalie.*

Marianne, levez le menton.

---

[1] Cette *Marianne*, surnommée par Fuzelier dans ses quatre *Mariannes*, *l'Inconnue*, en est une qui fut lue aux Comédiens François, avant celle de M. de Voltaire & de Nadal, & qui fut refusée.

PARODIE.

Dévoilez-vous Belle, dévoilez-vous donc!
Tudieu l'agréable visage!
Son œil est fripon;
Le beau tendron!
Qu'il est mignon!
[*Scaramouche baisse son voile violemment.*]
Oh, ne t'en déplaise,
J'use de mes droits;
Je veux voir à l'aise,
Ton joli tourelourirette,
Ton joli landerirette,
Ton joli minois.

MARIANNE-*Scaramouche, s'opiniâtrant à se cacher.*
Non, non, l'éclat du jour éblouit ma visière;
Je ne puis, cher Sultan, supporter la lumière.

POLICHINELLE.
Vous prenez le Visir ici pour l'Empereur,
Madame, il est absent : je suis son essayeur,
A qui l'on a sur vous donné droit de visite.

MARIANNE-*Scaramouche.*
Eh bien! puis-je espérer d'être sa favorite?
Suis-je digne du poste?

POLICHINELLE.

Oh, c'est lui qui n'est pas
Digne de posséder vos célestes appas !
Une fille avec lui n'est jamais bien lotie,
Et mon avis, Madame, est que l'on vous marie.

Air : *Ma Commère, quand je danse, &c.*

A Monsieur Po,
A Monsieur Li,
A Monsieur Chi,
A Monsieur Po,
A Monsieur Li,
A Monsieur Chi,
Madame, qu'on vous marie,
A Monsieur Polichinelle.

MARIANNE - *Scaramouche.*

Est-ce un homme bien fait, de bon air ?

POLICHINELLE.

Je le crois
Et pour vous en convaincre, un mot suffit : c'est moi
A bien considérer ma figure & la vôtre,
Là, n'étions-nous pas faits tous les deux l'un pour l'au

PARODIE.

Air : Et Zing, &c.

Allons donc, ma Reine,
D'une douce chaîne,
Vite, allons serrer les nœuds :
Profitons du moment heureux.
Et zing, zing, zing, &c.

SCÈNE VI.

LE SULTAN-PUBLIC, POLICHINELLE, MARIANNE-*Scaramouche.*

LE SULTAN, *arrêtant Polichinelle au collet.*

Visir, où courez-vous ? Est-ce là Marianne ?

POLICHINELLE.

Oui ; mais elle est à moi.

LE SULTAN, *le prenant à la gorge.*

Comment à toi, profane !

[*Ils se la tiraillent.*]

Insolent ! lâche ; cède ! ou crains tout mon courroux !

[*Le voile tombe.*]

S iv

Quoi traître ! oser ainsi dire qu'elle est à vous !
Suis-je donc le Public ? Est-ce ainsi qu'on me joue.
Ce morceau vous convient. J'avois tort je l'avoue ;
Ah, je te punirai, téméraire Apollon !

(*Polichinelle emmène Marianne-Scaramouche.*)

SCÈNE VII.

LE SULTAN, L'EUNUQUE.

L'EUNUQUE.

Une Dame demande à vous parler.

LE SULTAN.

Son nom ?

L'EUNUQUE.

Marianne.

LE SULTAN.

Comment ? Que ceci veut-il dire ?
Une autre Marianne ! on aura voulu rire,
Et m'en faire paroître une fausse en ces lieux,
Pour que la véritable ensuite y brillât mieux.
Qu'elle entre.

SCÈNE VIII.

LE SULTAN, LA PREMIÈRE MARIANNE[1] *de M. de Voltaire, représentée par Arlequin voilé, & tenant à la main une coupe à l'antique.*

MARIANNE-*Arlequin, avec un accent gascon.*

Il se répand un bruit que sa Hautesse,
Dans un corps accompli cherche un cœur sans foiblesse,
Un cœur incombustible ; & tel est celui-là ;
Pour mes charmes, Seigneur, jugez-en, les voilà.

[*se dévoilant.*]

Oui, comme eux, ma fierté passa la vraisemblance ;
Concevez jusqu'où j'ai poussé l'indifférence !
Et combien j'étois loin d'avoir un favori :
Je n'ai jamais senti d'amour pour mon mari.

---

[1] Cette première *Marianne* de M. de Voltaire s'empoisonnoit en buvant sur le Théâtre, ce qui fit beaucoup rire, & crier : *La Reine boit.*

LE SULTAN, *ironiquement.*

La peste ! où le mari vainement tâche à plaire ,
Le galant en effet n'a pas grand'chose à faire ;
Je le crois. Mais, Madame, en tout cas, à vous voir,
Vous n'avez pas bien mis du monde au désespoir ;
Quand vous auriez été mille fois plus sévère.

MARIANNE-*Arlequin.*

Songeons à terminer seulement notre affaire :
Et tranchant pour cela tout propos superflu ,
Répondez ; me voilà ; je veux plaire ; ai-je plu ?

LE SULTAN, *séchement.*

Ma foi non.

MARIANNE-*Arlequin, avec hauteur.*

Comment, non ? Seigneur, qu'osez-vous dire ?

LE SULTAN, *d'un air d'indifférence.*

Ce qu'à votre sujet , la vérité m'inspire.
Le Public est sincère & n'a pas grands égards.

MARIANNE-*Arlequin, d'un ton menaçant.*

Cadédis ! prenez garde ! encore un mot ; je pars.

LE SULTAN, *froidement.*

Volontiers.

PARODIE.

MARIANNE-*Arlequin, du même ton.*

Je m'éclipse; & plus de Marianne

LE SULTAN.

Soit.

MARIANNE *Arlequin, faisant semblant de s'en aller.*

Adieu Turc! adieu!

LE SULTAN.

La plaisante Sultanne!

MARIANNE-*Arlequin, revenant sur ses pas & adoucissant sa voix.*

Ne vous exposez pas à d'éternels regrets.
Je reviens par pitié; voyez-moi de plus près.

LE SULTAN, *la repoussant.*

Eh fi!

MARIANNE-*Arlequin.*

L'on ne voit pas d'abord toute une femme,
Peut-être.....

LE SULTAN.

Oh par sambleu! vous m'ennuyez, Madame;
Adieu, séparons-nous.

MARIANNE-*Arlequin, reprenant son premier ton.*

Non, Seigneur, demeurons.
Je ne veux pas plus loin porter de tels affronts.
Je me suis, dans la peur de ce mortel outrage,

[*Elle tire une bouteille de sa poche.*]

Munie heureusement d'un venimeux breuvage;
Marianne auroit tort de vouloir, un instant,
Survivre au déshonneur d'un affront si constant;
Voyons votre maintien. Me voilà prête à boire.

LE SULTAN.

Et moi prêt à verser.

MARIANNE-*Arlequin.*

Non, je ne le puis croire;
Vous craignez mon trépas, Seigneur, vous m'éprouve
Répondez; m'aimez-vous? ou boirai-je?

LE SULTAN.

Buvez.

MARIANNE-*Arlequin.*

Le terme est décisif; & la réponse est nette.
Buvons & mourons donc.

[*Elle boit.*]

PARODIE.

LE SULTAN.

Air *Connu*.

Eh houppe, eh houplinette,
De pardieu !
Puisque nous sommes en si bon lieu,
Et que notre hôte est si courtois,
Buvez encore une fois.

MARIANNE-*Arlequin, tranquillement après avoir bu.*

Autant seroit-ce, hélas ! si c'étoit du poison.

LE SULTAN.

Ce n'en étoit donc pas ?

MARIANNE-*Arlequin.*

Quelque sotte ! oh que non
Je veux vivre; & bon-gré mal-gré, je veux te plaire.
Aime-moi. [*Sautant à la gorge du Sultan.*]

LE SULTAN.

Je ne puis.

MARIANNE-*Arlequin, pressant encore plus le Sultan.*

Tu le dois.

LE SULTAN.

Plus d'affaire

Air connu.

Ce n'est point par effort qu'on aime.
Sortez! chez mon Visir, Bacha, conduisez-la.
Elle fera la paire avec celle qu'il a.

MARIANNE-*Arlequin, avec un accent gascon.*

Capdebious, je m'envais! mais malheur au rebelle!
Je rentre à ma toilette: & je reviens si belle,
Que je veux d'un coup-d'œil pulvériser ton cœur,
Et le prendre en tabac. A revoir!

LE SULTAN.

Serviteur!

SCÈNE IX.

LE SULTAN, *seul.*

Quel orgueil! ainsi faite, ôser avec audace,
Dans mon serrail auguste extorquer une place!
Fort bien, Sire Apollon, courage, est-ce là tout?
Et deux. Allons, encore une autre dans ce goût!
De beautés désormais vous ferez mes emplettes.

SCÈNE X.
LE SULTAN, L'EUNUQUE.

L'EUNUQUE.

Une Dame, Seigneur, qui paroît des mieux faites,
Demande à vous parler.

LE SULTAN.

A-t-elle dit son nom?

L'EUNUQUE.

Marianne.

LE SULTAN.

Encore une! oh qu'elle aille… mais non;
Qu'elle entre; il n'est pas temps que je m'impatiente,
Peut-être celle-ci remplira mon attente.
Voyons-la.

SCÈNE XI.

LE SULTAN, LA MARIANNE
de l'Abbé Nadal, représentée par Pantalon, voilé richement habillé en Reine.

LE SULTAN.

C'est ma foi la bonne pour le coup!
Ce port majestueux promet déjà beaucoup.
Quelle taille élégante, & quel air de noblesse!
Est-ce vous, Marianne? Oui, divine Princesse!
Je le sens aux transports qui me viennent saisir,

[*Il la dévoile, & voyant l'horrible visage de Pantalon, il s'écrie :*]

Enfin.... fi donc au diable! au Visir! au Visir.

MARIANNE-*Pantalon.*

Quoi, Seigneur, vous trouvez que je ne suis pas belle

LE SULTAN.

Bacha, conduisez-la vite à Polichinelle!
Que sa présence ici ne blesse plus mes yeux!

MARIANNE-*Pantalon.*

Je ne reviendrai pas du moins, Seigneur.

LE SULTAN.

Tant mieux.

SCÈNE

PARODIE.

SCÈNE XII.
LE SULTAN, *seul*.

Où suis-je? tout, je crois, en ces lieux haïssables,
Se change en Marianne, ou, pour mieux dire, en Diables
Déchaînés, & d'accord pour me martyriser!
En seroit-ce une encor qu'on viendroit m'annoncer?

SCÈNE XIII.
LE SULTAN, L'EUNUQUE[1].

LE SULTAN.

Air : des Trembleurs.

Quelque vilaine pecore,
Quelque Marianne encore,
Viendroit-elle ici d'éclore?

---

[1] L'impression croyant profiter de la vogue qu'avoient les *Mariannes*, donna une nouvelle édition de la célèbre *Marianne* de TRISTAN L'HERMITE.

Tome V. T

L'Eunuque.

Seigneur, vous avez raison :
Une vieille qui roupille,
Et dont le menton brandille,
Frappe à grands coups de béquille,
Et s'annonce sous ce nom.

Le Sultan.

Je ne la veux point voir.

L'Eunuque.

Elle a pourtant, je pense
De l'Eunuque Apollon la lettre de créance.

Le Sultan.

Qu'elle aille en l'autre monde, avec mes trisaïeux
Trafiquer cette lettre & des appas si vieux.
Sors, &, si tu m'en crois, ne reviens, de la vie,
Du nom de Marianne, affliger mon ouïe.

SCÈNE XIV.

LE SULTAN, la seconde MARIANNE *de M. de Voltaire, avec un grand manteau de Reine, tout couvert de clinquant.*

MARIANNE-*Arlequin.*

Je reparois, Seigneur, & je viens, d'une œillade,
Obliger votre cœur à battre la chamade.
De mes charmes vainqueurs vous subirez la loi ;
Vous m'aimerez enfin ; ou vous direz pourquoi.
Vos mépris méritoient que je me mutinasse,
Qu'à votre mauvais sort je vous abandonnasse.
Mais, Seigneur, je suis bonne, & généreuse au point
D'accorder un pardon....

LE SULTAN.

Qu'on ne demande point !
Fuyez-moi pour jamais ; votre lourde présence,
Tient pour moi du pardon, moins que de la vengeance
Je ne vous puis souffrir. Et ces charmes exquis,
Où sont-ils ? Plus parée, est-ce en avoir acquis !
Loin de rien voir en vous de nouveau qui m'enflamme,

Votre prix a baissé de moitié[1]. Quoi! Madame;
Pour quelque aune d'étoffe, & ce clinquant de pl..
Pensez-vous que mes vœux vous en seront mieux ?
Non, non...

La seconde MARIANNE *de M. de Voltaire*, à par.

Rien ne pourra toucher ce cœur de rol..

(*Au Sultan.*)

Écoutez. J'ai, Seigneur, de l'arsenic en poche :
Peste! c'est du poison qui fait passer le pas,
Celui-là ! Si j'en meurs, je n'en reviendrai pas.
Et je suis assez folle....

LE SULTAN.

Oh! soyez folle ou sage,
Et vous empoisonnez d'un bole ou d'un breuvage.
Buvez, mangez, crevez... Bon ! voici mon butor :
Bourreau ! n'en viens-tu pas annoncer une encor ?

---

[1] La première *Marianne* avoit pris 40 sols au Parterre ;
& cette seconde, plus modeste, se contenta du prix
ordinaire de 20 sols.

SCÈNE XV.

LE SULTAN, la seconde MARIANNE de M. de Voltaire, L'EUNUQUE.

L'EUNUQUE.

Une Marianne ?

LE SULTAN.

Oui ; tu vas te faire battre !

L'EUNUQUE.

Une ? oh que non, Seigneur, j'en viens annoncer quatre[1].

LE SULTAN.

Quatre ! C'est bien le diable ! Et de la part de qui ?

L'EUNUQUE.

De la part du démon Couplegor. Les voici.

---

[1] FUZELIER venoit de faire jouer les quatre Mariannes précédentes à la Foire ; & comme il m'en avoit dérobé l'idée, je donnai les huit aux Italiens, pour m'en venger.

SCÈNE XVI.

LE SULTAN, la seconde MARIANNE de M. de Voltaire, les quatre MARIANNES de la Foire, *courte-vêtues, en corset & en cotillons rouges.*

LES quatre MARIANNES *chantent en trio, sur un air connu.*

J'AVONS des guenilles !
J'avons des guenilles !
   Et de quoi ? *bis.*
   D'écarlate ! *bis.*

UNE DES QUATRE, *s'adressant au Public.*

Grand Prince, fussiez-vous le Roi des Misantropes,
J'espérons....

MARIANNE-*Arlequin.*

Parlez donc, Mesdames les Salopes,
D'où vous vient cette audace, avec vos guenillons,
De vous oser parer du plus noble des noms ?

PARODIE.

MARIANNE de la Foire.

Air connu.

Marie Salisson est en colère,

TOUTES QUATRE ENSEMBLE.

Ho, ho, tourelouribo !

LA PREMIÈRE.

Des complimens du Parterre.

TOUTES QUATRE ENSEMBLE.

Ho, ho, tourelouribo !

LA PREMIÈRE.

Et de nous entendre braire.

TOUTES QUATRE ENSEMBLE, *se criant aux oreilles.*

Ho, ho, ho, tourelouribo !

MARIANNE-*Arlequin.*

C'est bien à vous, rebut du Pont-neuf & des Halles,
D'oser, impudemment, faire ici les rivales ;
Et, du sacré Vallon, l'opprobre de tout temps,
De croire escamoter un cœur où je prétends.

LES HUIT MARIANNES,

LA MARIANNE *de la Foire.*

Air : *C'est l'Abbesse de Poissy, &c.*

Je l'aurai peut-être, hélas !
Et pourquoi pas ?
Et pourquoi pas ?
Madame, j'ons nos appas,
Comme vous les vôtres;
J'en valons bien d'autres [1].

MARIANNE-*Arlequin.*

Vous pouvez bien vanter à mes yeux, devant moi,
Des appas si grossiers & de si bas aloi ?

LA MARIANNE *de la Foire.*

Air : *Des sept sauts.*

Du moins, je n'ons pas à la toilette,
Comme vous, passé deux ou trois ans,
Je nous sont mise à la gribouillette,
Et vous v'la couverte de clinquant :
Mais pour en faire de l'or,

---

[1] Mot du Rideau des premières Marionnettes qui se mêlaient d'Opéra-Comique.

PARODIE.

Je vous baillons bian encor
Un an, deux ans, trois ans,
Mille ans.

MARIANNE-*Arlequin, au Public qui rit.*

Riez, applaudissez encor à la Carogne,
Un flon flon ridicule, un conte à la cicogne,
Tout cela vous amuse; un rien vous réjouit.
De mes grands sentimens, quoi c'est-là tout le fruit?

LE SULTAN.

Oh trêve, s'il vous plaît, de complaintes pareilles,
Ou vous aurez du Sceptre encor par les oreilles.

MARIANNE-*Arlequin.*

Dites-moi donc au moins que vous les dédaignez!

LE SULTAN.

Je puis les dédaigner, sans que vous y gagniez.

MARIANNE, *aux Foraines.*

Retirez-vous, allons bégueules! que l'on sorte!

LA FORAINE.

Que Sire le Roi parle, & je passons la porte.

Air: J'en ferai la folie, sans doute.

Drez que de fermer boutique
L'on nous signifie ;
Je décampons, sans replique,
Pour toute la vie ;
Mais quand on nous chasse, en tout cas,
De revenir je n'avons pas
Comme vous, la manie,
Madame,
Comme vous la manie.
De notre règne aussi, le terme est toujours court,
Et la Foire finie, adieu ; plus de retour.

Air: Et tiens-moi bien, tandis que tu me tiens.

Aussi nous sarvon-je d'un refrain,
Qui ne vous messiéroit guère :
Vous l'auriez pu,
Vous l'auriez dû,
Dire à bon droit au Parterre,

MARIANNE-*Arlequin.*

Eh quel est ce refrain, qu'au Parterre endurci
J'aurois à votre avis pu dire ?

PARODIE.

LA FORAINE.

Le voici.

Air connu.

Et tiens-moi bien, tandis que tu me tiens,
Tu ne me tiendras plus guéres.

MARIANNE-*Arlequin.*

Allez, vous radotez.

SCÈNE XVII.

LES ACTEURS *de la Scène précédente,* & MARIANNE-*Scaramouche.*

MARIANNE-*Scaramouche.*

Des drôlesses, dit-on,
Osent à vos faveurs aspirer sous mon nom!
Et je viens......

SCÈNE XVIII.

LES ACTEURS *de la Scène précédente, &* MARIANNE *de l'Abbé Nadal.*

MARIANNE *de Nadal.*

On m'a dit, qu'au rang de vos Sultanes,
Il s'est offert ici quatre ou cinq Mariannes;
Et je reviens, Seigneur, vous jurer sur ma foi,
Qu'il n'en est qu'une bonne & cette une.....

TOUTES LES SEPT ENSEMBLE

C'est moi!

SCÈNE XIX.

LES ACTEURS *de la Scène précédente, &* MARIANNE *de Tristan.*

MARIANNE *de Tristan.*

Oyez mon déconfort! on veut vous faire niches,
Ce sont toutes ici, Mariannes postiches.
Je suis la véritable....

PARODIE.
LA FORAINE.

Air : Lampons.

Une Marianne encor !
A moi, Démon Couplegor !
Voici bien pis qu'à la Foire !
Et c'est bien une autre histoire,
Braillons! braillons !
Mes Commères, braillons.

Air : Ma raison s'en va beau train.

Ah que de Mariannes !
Quatre couvertes de haillons :
Et quatre en Cartisannes,
Lonla,
Et quatre en Cartisannes.

MARIANNE *de Tristan.*

Apollon m'est témoin de mon dire : & je sors
Exprés, pour le Sultan, du Royaume des morts.

MARIANNE-*Arlequin.*

Mal-à-propos. Personne ici ne s'accommode
D'une beauté passée, & vieille comme Hérode.

Enfin, Seigneur, la chose est en votre pouvoir ;
Optez ; accordez-nous ; & jetez le mouchoir.

LE SULTAN.

Mesdames, je finis cette guerre importune,
En jurant que des huit, je n'en aime pas une.
Est-ce assez ?

HÉRODE, *derrière le Théâtre, crie de toutes ses forces :*

Air : *Elle est morte la vache à Panier.*

Elle est morte,
Ma chère moitié !
Elle est morte,
Quand j'en ai pitié.

LE SULTAN.

Mais quels cris font retentir ces lieux ?

[*Hérode entre comme un fou.*]

Que veut dire ? à qui donc en a ce furieux ?

PARODIE.

SCÈNE XX.

LES ACTEURS de la Scène précédente, HÉRODE.

MARIANNE *de Tristan*, en s'enfuyant.

C'est Hérode! fuyons!

HÉRODE.

Air : *Le fameux Diogène, ou la femme par sa malice.*

 Que le Diable t'emporte!
 Et tous ceux de ta sorte,
 Double chienne de sœur!
 Maudite tracassière!
 Ta langue de vipère
 A causé mon malheur.

LA FORAINE.

Air : *Je reviendrai demain au soir.*

Cet homme a l'esprit égaré!

HÉRODE.

Je suis désespéré!   *bis.*

LA FORAINE.

Que vous est-il donc avenu?

HÉRODE.

Je ne suis point cocu! *bis.*

LE SULTAN.

La plainte & le malheur assûrément sont rares!
Et voilà, je l'avoue, un fou des plus bizarres.

Même air.

Calmez ce furieux transport,

HÉRODE.

Hélas, j'avois grand tort! *bis.*
Salomé! maugrebleu de toi!
Messieurs, rendez-la moi! *bis.*

LE SULTAN.

Qui? quoi? parlez? qui peut troubler ainsi votre ame!
Qu'avez-vous perdu?

HÉRODE.

Tout.

LE SULTAN.

Mais quoi donques?

HÉRODE.

Ma femme.

PARODIE.

LE SULTAN.

Air : La bonne aventure, ô gué.

Eh fi donc, ne pleurez pas !
J'en sais, je vous jure,
Plus de mille, en pareil cas,
Qui fredonneroient tout bas :
 La bonne aventure !
  O gué !
 La bonne aventure !

HÉRODE.

Fin de l'Air : Je reviendrai demain au soir.

Je meurs, si je ne la revoi !
Messieurs, rendez-la-moi !

LE SULTAN.

Je veux qu'elle vous soit bientôt restituée :
Voyons ! où peut-elle être ?

HÉRODE, *d'un air paisible.*

Hélas ! je l'ai tuée !

LES HUIT MARIANNES,
[*Reprenant sa fureur, & courant de côté & d'autre*
Air connu.

Lavez-vous vû passer ?   *bis.*
Marianne m'Amie,
Olire, olire,
Marianne m'Amie,
Olire olà.

LE SULTAN, *adressant la parole aux autres*
Mariannes.

Mesdames, c'est Hérode, il vous accordera.
[*à Hérode.*]
Si Marianne étoit le nom de votre épouse,
Consolez-vous, pour une, en voici dix ou douze
Et vous ne pouviez mieux vous adresser qu'ici.
Voyez : est-ce cela ? Tenez : est-ce ceci ?
[*Montrant les unes & les autres.*]
HÉRODE.

Fin de l'Air : Non, non, il n'est point de si joli nom
Non, non !
Je vois bien là, mainte guenon;
Mais pas une Marianne !
Non, non,

PARODIE.

Je ne vois là pas un tendron
Qui mérite un si beau nom.

Air : *Belle Brune, belle Brune.*

(*En s'en allant.*)

Marianne !
Marianne !
Marianne ! hélas ! hélas !

LE SULTAN.

Ah ventrebleu, quel organe !

HÉRODE, *dans les coulisses.*

Marianne !
Marianne !

SCÈNE XXI.

LE PUBLIC, LES HUIT MARIANNES.

LE SULTAN.

D'Hérode enfin, le jugement nous laisse
Le mystère éclairci ;
Nulle de vous, n'est l'aimable Princesse
Que j'attendois ici.

MARIANNE-*Arlequin.*

Oh bien, Seigneur, en vain l'on me chicane,

TOUTES HUIT ENSEMBLE.

Je suis Marianne,
Moi !
Je suis Marianne.

LE SULTAN.

Air : *Voici les Dragons qui viennent.*

Oh, je perds la tramontane !
J'en deviendrai fou !

MARIANNE-*Arlequin.*

Oui, Seigneur, ou Dieu me damne !
C'est moi qui suis Marianne !

TOUTES HUIT ENSEMBLE.

Et moi itou !
Et moi itou !

LE SULTAN, *les chassant.*

Sortez ! ouais ! que chez moi, du moins, je sois le m...
Que tout, à ce signal, soit prompt à disparoître !

[*Il donne un grand coup de sifflet.*]

PARODIE.

MARIANNE-*Arlequin, aux Mariannes Foraines.*

Air : *Troussez, Belle, votre cotillon.*

Adieu donc les Chambrillons,
Qui faisiez tant les vaines !

LA FORAINE, *aux trois autres.*

Tenez, les Maries souillons,
Avec leux airs de Reines !
Mesdames, troussez vos cotillons,
Ils sont si longs qu'ils traînent !

SCÈNE XXII.

LE SULTAN, *seul.*

M'EN voilà quitte enfin : non jamais, sur les bras,
Je n'eus, qu'il m'en souvienne, un pareil embarras.

Air : *Morguienne de vous.*

Bon, l'autre qui revient !
Oh, pour le coup j'enrage !
Je ne sais qui me tient ;
Eh mais, c'est une rage !
Mordienne de vous.....

LES HUIT MARIANNES,

L'EUNUQUE.

Rassurez-vous, Seigneur, & calmez ce courroux.
Écoutez :

LE SULTAN.

Eh bien donc, trêve de Mariannes!

L'EUNUQUE.

Il s'agit maintenant de Princesses Persanes.

Air : *La bonne aventure, ô gué.*

De votre Eunuque divin,
Le talent s'exerce :
Phébus de sa propre main,
Vient de vous trouver enfin,
Une Belle en Perse,
O gué !
Une Belle en Perse !

LE SULTAN.

Comment la nomme-t-il ?

L'EUNUQUE.

La Reine des Péris[1],
La Reine, à ce qu'on dit, & des Jeux & des Ris

---

[1] Opéra nouveau de Fuzelier, où il n'y avoit ni pieds ni tête, & dont la musique d'Aubert ne valoit guère mieux que les paroles.

PARODIE.
LE SULTAN.

Pour la Reine des Ris, cela pourroit bien être ;
Car je pourrai bien rire, en la voyant paroitre :
Mais pour celle des Jeux, tout franc, j'ai peur que non,
Et le cœur là-dessus ne me dit rien de bon.
Un nom, que ne m'apprend la fable, ni l'histoire,
Me sent peu son Parnasse, & me sent bien sa Foire.
Qu'elle entre [1]. Oh ! oh ! qu'entends-je ? Un son mélodieux !
S'il faut que tout réponde au prélude burlesque,
Cette Reine sera passablement grotesque.

---

[1] Toutes les pièces de la Foire sont, pour la plupart, tirées des Mille & une nuits & Mille & un Jours, d'où cet Opéra étoit tiré. On entendoit jouer dans les coulisses d'une orgue d'Allemagne, comme les portent les Savoyards qui montrent la Curiosité.

SCÈNE XXIII.
LE SULTAN, LA REINE DES PÉRIS, UN SAVOYARD.

LE SAVOYARD, *en menant un cul de jatte qui n'a point de tête, & qui avance cahin caha, avec des béquilles basses à sa main.*

Qui veut voir la marmotte en vie ?

LE SULTAN.

Ah, ventrebleu !
Un cul de jatte ! oh, mais, ceci passe le jeu !
Phébus, en l'envoyant, pour comble d'impudence,
A donc juré de mettre à bout ma patience ?

Air : *Ma raison s'en va beau train.*

Mais voyons ce qu'à nos yeux,
Couvre ce voile envieux !
Dieux ! que vois-je là ?
Quel est le papa
De cette étrange bête ?

PARODIE.

Et d'un monstre comme cela,
Qui n'a ni pieds ni tête,
Lonla,
Qui n'a ni pieds, ni tête.
On m'a je crois appris, autrefois, qu'un Péris,
N'est Ange, Homme, ni Diable; on m'a très-bien appris;
Cette Reine en fait foi.

Air : *Petit boudrillon*.

Vous êtes une Reine,
Ma petite souillon,
Boudrillon,
D'une belle dégaine :
(*Le monstre s'en va.*)
Adieu donc tortillon,
Boudrillon,
Petit tortillon, boudrillon,
Dondaine,
Petit boudrillon, tortillon,
Dondon.

SCÈNE XXIV.

LE PUBLIC, *seul.*

MA foi, je n'y tiens plus, j'abandonne la place:
Je crois que, pour le coup, la peste est au Parnasse.
Tout y meurt en naissant; ou, du sacré valon,
Si quelque enfant nous vient, ce n'est qu'un avorton.

SCÈNE XXV.

LE SULTAN, L'EUNUQUE.

L'EUNUQUE.

SEIGNEUR, est-il bien vrai ?

LE SULTAN.

Quoi ?

L'EUNUQUE.

Qu'une Marianne,
Avec ce nom fâcheux qu'à l'oubli tout condamne,

PARODIE.

Par votre ordre, en ces lieux, revienne en ce moment,
Et doive ce retour à votre empressement [1].

LE SULTAN.

A mon empressement ? Garde ! on vous en impose.
Qui le dit ?

L'EUNUQUE.

Elle-même.

LE SULTAN.

Elle ?

L'EUNUQUE.

Oui, Seigneur, elle ose,
Dans ses beaux complimens appuyer sur ce point.

LE SULTAN.

Elle ment. Tenez ferme, & ne la croyez point.
Qu'elle ne soit pas la plus forte :
Gardes ! verrouillez bien la porte.
D'entrer, ôtez-lui tout moyen !
Grands Dieux ! où la vois-je paroître.

---

[1] M. de VOLTAIRE fit faire un compliment au Parterre, avant de représenter sa seconde *Mariane*, & dit qu'il la rendoit, par un juste respect, pour l'empressement du Public : on le désavoua tout haut.

SCÈNE XXVI.

LE SULTAN, BILBOQUET, MARIANNE.
Arlequin, devenue SILVIA, sautant par la fenêtre.

MARIANNE.

Par la porte on me chasse, eh bien,
Je rentrerai par la fenêtre.

LE SULTAN.

Oh, pour cette fois-là, je n'y sais rien de mieux,
Que de bien détourner, ou de fermer les yeux.

MARIANNE.

Seigneur, je viens, malgré votre aveugle caprice,
Victime de la brigue & de son injustice....

LE SULTAN.

Pensez-vous qu'on me dupe, & qu'avec de grands

MARIANNE.

Juge-t-on d'une Belle, en lui tournant le dos ?
Regardez-moi du moins !

LE SULTAN.

      J'appellerai mes Gardes.
J'ai de la Marianne, en un mot, jusqu'aux gardes.
Au Visir !

PARODIE.

MARIANNE.
Seigneur !

LE SULTAN.
Fi ! cette importunité,
Convient-elle, Madame, à la noble fierté,
Qu'à votre abord ici vous avez tant vantée ?
Tâchez, jusqu'au mépris de paroître irritée ;
Et craignez, en faisant un ridicule éclat,
La honte de poursuivre & d'aimer.... un ingrat.

MARIANNE.
Seigneur, dans cet aveu dépouillé d'artifice,
J'aime à voir que du moins vous vous rendez justice,
Et qu'osant, pour époux, m'offrir Polichinel,
Vous vous abandonniez au crime, en criminel.
Pour prix du bel aveu que vous venez de faire,
Sachez, que si j'ai fait tant d'efforts pour vous plaire,
C'étoit par amitié, moins que par intérêt.

LE SULTAN.
Rien ne vous engageoit à m'aimer, en effet.

MARIANNE.
Je ne t'ai pas aimé, bourreau ! qu'ai-je donc fait ?

J'ai démenti, pour toi, ma suffisance extrême !
Au fond de ton serrail, je t'ai cherché moi-même !
J'y suis encor, malgré tes incivilités,
Et, malgré mille avis que j'ai mal écoutés !
Je t'aimois, me siflant ; que ferai-je, applaudie !
Et même, en ce moment, que de sa mélodie,
Ton siflet rigoureux est prêt à m'accabler ;
Barbare !....

LE SULTAN.

La pitié commence à m'ébranler,
Madame .. Mais que vois-je ? Elle est ma foi passable ;
Ce visage nouveau n'est plus reconnoissable,
L'objet est presque tel que je l'ai désiré ;
Je l'aime ; la toilette a très-bien opéré.
Le mouchoir est à vous.

MARIANNE.

Juste Ciel ! je te loue !

BILBOQUET.

Ma foi, j'ai bien poussé, je vous jure, à la roue.

MARIANNE.

Taisez-vous, Bilboquet ; craignez peu mon courroux,
Je ne m'abaisse point à me plaindre de vous.

PARODIE.
Le Sultan.

Voilà, parler en Reine. Ah.....

Marianne.

Le bon de l'affaire
Seroit que Marianne, à présent, fît la fiére,
Et que pour se venger d'un malhonnête accueil,
Elle ne voulût plus maintenant....

Le Sultan.

Point d'orgueil.
Avec raison, tantôt vous avez dit, Madame,
Que l'on ne voyoit pas d'abord toute une femme.
Un peu légérement, souvent nous triomphons ;
Vous n'êtes pas encore examinée à fonds.
Vous chanterez victoire, alors. Une coquette,
Le matin, quelquefois, emprunte à la toilette,
Mille appas étrangers, qu'elle y laisse le soir.
De plus près, au grand jour, je m'apprête à vous voir.
Cependant en ces lieux, cessant d'être importune,
Demeurez, j'y consens : touchez-là : sans rancune :
Marianne, cessons de nous persécuter.

Marianne.

Cessons. Mais n'allez pas du moins vous arrêter

A des bruits qu'en tous lieux, contre moi l'on publie,
Que ma noble fierté, souvent s'est démentie ;
Que mon vilain époux, tout vieux qu'il est, m'a plû,
Que je l'aurois aimé, pour peu qu'il l'eût voulu ;
Que voulant par la fuite, éviter sa présence,
J'ai d'un certain Quidam, imploré l'assistance ;
Que ce Quidam m'ayant déclaré ses amours,
Je n'ai pas assez tôt rejeté son secours ;
Qu'en cela, Marianne, après s'être oubliée,
S'est près de son époux, très-mal justifiée.
Que sais-je enfin, Seigneur, elle est, vous dira-t-on,
De temps en temps, sans rime, & souvent, sans raison :
Soyez aveugle & sourd, trouvez-moi toujours belle.

LE SULTAN.

Oui, du premier coup d'œil, vous m'avez paru telle.
Il suffit. Je vous aime ; aimez-moi.

MARIANNE.

De bon cœur.

SCÈNE

SCÈNE XXVII.

LE SULTAN, MARIANNE, L'EUNUQUE.

L'EUNUQUE.

Au voleur ! au voleur ! au voleur ! au voleur !
Seigneur, sans boursoufler mon récit d'épithetes,
Des Sultanes, on vient de plier les toilettes :
On leur a tout pillé ! tout volé ! leur douleur,
Contre ce brigandage, implore un bras vengeur.
Sultane Élisabeth, Pauline, Iphigénie,
Andromaque, que sais-je ? Une foule infinie
D'autres que vous aimez, souffrent de ce coup-là.

LE SULTAN.

Et, connoît-on l'auteur de ces vols ?

L'EUNUQUE.

      Le voilà.

LE SULTAN.

Perfide !

MARIANNE.

  Quelques noms, Seigneur, que je mérite,
Des douceurs, aux gros mots, ne passez pas si vite :
Que diroit-on de vous ?

LE SULTAN.

Ainsi donc aujourd'hui,
Quand vous voulez charmer, c'est aux dépens d'a
Que la fripponne rende à chacun sa dépouille.
Sachons ce qu'il en est: vous Gardes, qu'on la fou...
S'il lui reste de quoi me plaire & m'émouvoir,
A la bonne-heure, alors! Mais j'en doute: allez v..
[seul.]
C'est donc à des objets de cette indigne espèce,
Que de mon pourvoyeur aboutit la promesse

SCÈNE XXVIII & dernière.

LE SULTAN, APOLLON.

LE SULTAN.

Viens Eunuque maudit! viens recevoir le prix
Des soins......

APOLLON.

Seigneur!......

LE SULTAN.

   Quel trouble agite ses esprits?
Se seroit-il au Pinde, ému quelques désordres?

APOLLON.

Tandis qu'ici, tantôt je recevois vos ordres,
La fortune attentive à me persécuter,
Me privoit du moyen de les exécuter.

LE SULTAN.

Calme un peu la douleur, ami, qui te transporte.
Poursuis.

APOLLON.

J'avois laissé Pégaze à votre porte;
Le fougueux animal a pris le mords aux dents,
Et s'envole à travers & les airs & les champs.

LE SULTAN.

Il est perdu !

APOLLON.

Perdu, sans ressource ! j'ignore,
Si je dois parcourir le couchant ou l'aurore.
Est-il chez l'Allobroge ? Est-il chez l'Iroquois ?
Je ne sais !

LE SULTAN.

Que de maux m'accablent à la fois !

APOLLON.

En me désespérant, j'ai nommé la Princesse,
Dont la beauté devoit dégager ma promesse :
Plusieurs à la faveur de cet illustre nom,
De votre patience ont abusé, dit-on.
Je venois......

LE SULTAN.

Soutiens-moi ! ce cheval d'importance
M'enlève, en s'envolant, toute mon espérance;

Qelque Belle pouvoit jusqu'ici parvenir,
Et le Parnasse encor eût pû nous en fournir.
Pégaze avoit bon dos ; mais, adieu la voiture !
C'en est donc fait ! voilà mon serrail en roture !
Que de laidrons bientôt vont ici m'assiéger !
Par un terrible exemple, écartons le danger.
Où sont ces huit guenons à qui j'étois en proie !
Que de cent coups nouveaux, mon sceptre les foudroie ;
Toutes les huit ici, je veux les accabler.
Malheur à qui verra leur chûte, sans trembler !
Mais quel froid tout-à-coup me glace & m'environne !
Je suis tout morfondu ! d'où vient que je frissonne ?
Je bâille ! je m'endors ! certain je ne sais quoi....
Dieux ! quel tas de pavots semés autour de moi !

APOLLON.

Seigneur....

LE SULTAN.

Quoi ! Marianne, on te revoit encore ?
Ne pourrai-je éviter un objet que j'abhorre ?
Comment t'es-tu r'ouvert en ces lieux un chemin ?
Tiens, tiens !.... Mais j'en vois mille ! ô Dieux !
   tout en est plein.

Eh bien, fille d'ennui ! J'attends en paix l'orage !
Pour qui tant d'opium ! contre qui cette rage,
Et cet acharnement à le tout consommer ?
Pour la dernière fois, venez-vous m'assommer ?
Venez ! à vos fureurs, le Public s'abandonne !
Mais non, retirez-vous, votre nombre m'étonne:
Une seule suffit ; & je succombe enfin,
Sous celle qui renaît au Fauxbourg Saint-Germain.

F I N.

ATIS,
PARODIE
EN UN ACTE;
PRÉCÉDÉE
D'UN PROLOGUE;

Représentée sur le Théâtre de l'Opéra-Comique, en Février 1726.

PERSONNAGES

DU PROLOGUE.

L'ENTREPRENEUR.

LA FOIRE.

LA FOLIE.

ARLEQUIN.

UN BOSSU.

UN BEGUE.

UN BOITEUX.

TROUPE DE QUINTES ET DE VERTIGOS.

La Scène est sur le Théâtre de l'Opéra-Comique.

PROLOGUE

SCÈNE PREMIÈRE.

L'ENTREPRENEUR, LA FOIRE,
représentée par Pierrot.

L'ENTREPRENEUR.

Air : Des Trembleurs.

OH ça, Madame la Foire,
Ne m'en faites plus accroire,
Il y va de votre gloire
De me gagner de l'argent.

LA FOIRE.

Qu'aucun soin ne vous agite;
Soyez sûr que mon mérite,
Fera bouillir la marmite.
Allez. Vous serez content.

L'ENTREPRENEUR.

Adieu donc. Voilà la toile levée; commencez, & divertissez bien ces Messieurs. Qu'est-ce que c'est ? Vous m'avez l'air embarrassée.

PROLOGUE.

LA FOIRE, *se grattant le derrière.*

Eh, mais, c'est que....

L'ENTREPRENEUR.

Quoi? N'avez-vous pas tout ce qu'il vous faut pour commencer?

LA FOIRE.

Pas encore tout-à-fait.

L'ENTREPRENEUR.

Que vous manque-t-il donc?

LA FOIRE.

Une Pièce & des Acteurs.

L'ENTREPRENEUR.

Ah morbleu! je suis ruiné! & vous attendez à me le dire, que.....

LA FOIRE.

J'avois mandé à la Folie de m'envoyer tout cela; n'avez-vous rien reçu?

L'ENTREPRENEUR.

Non. Voilà pourtant tout le monde qui attend. La honte me prend; je me sauve; adieu: tirez-vous d'affaire comme vous pourrez.

SCÈNE II.

LA FOIRE, *seule*.

LA jolie situation ! Ne bougez pourtant pas Messieurs ; demeurez : un peu de patience. Il faut bien que nous ayons réponse de la Folie : cela ne sauroit tarder plus de huit jours. Bon ! voilà déjà une Actrice : les hommes ne sont pas loin. Les voici justement.

SCÈNE III.

LA FOIRE, UN PETIT BOSSU, UN VIEILLARD, UN BÈGUE, ARLEQUIN, *en fille, représentant la petite* LEGRAND, *qui venoit de faire, avec succès, le rôle d'Arlequin dans l'Impromptu de la Folie, Pièce de son Père, qui fit plus de profit aux Comédiens qu'au Libraire.*

LA FOIRE.

Air : *Par bonheur, ou par malheur.*

Que chacun de vous, enfants,
M'annonce un peu ses talents.
Ce Bossu me paroît drôle,
Ainsi que ce vieil goutteux :

(*au Bossu.*)

Ami, quel est votre rôle ?

LE PETIT BOSSU.

Moi, je fais les amoureux.

PROLOGUE.
LA FOIRE.

Vous faites les amoureux ? C'est donc dans *Ésope à la Cour*.

Air : *Quand je bois de ce jus d'Octobre.*

Pour un Amoureux, quel corsage !
Vous n'y pensez pas, mon ami,
Pour bien faire ce Personnage,
Il faut être droit comme un i.

Être fait comme ce garçon là, par exemple : Quel personnage fait-il, lui ?

LE BEGUE.

Je f.....ais les gr......ands rôles.

LA FOIRE.

A l'autre, qui ne sauroit parler, & qui fait les grand rôles !

LE BEGUE.

Vous verrez, si le Pupupupublic ne fait pas cacacacas de moi.

LA FOIRE.

Cacacacas de lui. Allez, allez, mon pauvre enfant, vous faite pipipipitié. Quelle plaisante espèce de gens la Folie m'envoie !

PROLOGUE.

Air : *Des Fraises.*

Ce cadet de soixante ans,
Selon toute apparence,
Fera les rôles d'enfans.

LE VIEILLARD.

Non, je ne joue pas la Comédie, moi.

LA FOIRE.

Que faites-vous donc ?

LE VIEILLARD, *finissant l'air.*

Dans les divertissemens,
Je danse, je danse, je danse.

[*Il dit ceci en dansant ; & tombe en finissant.*]

LA FOIRE.

Le bel air à la danse! & dites-moi, vous n'êtes pas le seul danseur ; où est le reste ?

LE VIEILLARD.

Il n'a pu venir si vîte que moi ; parce qu'il consiste en deux jambes cassées & trois cul-de-jattes.

LA FOIRE.

Voilà une jolie Troupe. Elle se sent bien d'où elle vient. eh fi, fi, tirez!

(*Elle les chasse.*)

PROLOGUE.

SCÈNE IV.
LA FOIRE, ARLEQUIN.

LA FOIRE, *continue.*

Et vous, la belle fille, quels talens avez-vous pour briller sur un théâtre ?

ARLEQUIN.

J'ai tout.

LA FOIRE.

Mais ; qu'êtes-vous ordinairement dans une Pièce ?

ARLEQUIN.

Je suis tout.

LA FOIRE.

Mais encore dites-moi, quels rôles y faites-vous ?

ARLEQUIN.

Je fais tout.

Air: *Voici le Dragons qui viennent.*

Je fais comme on veut, Madame,
La folle & le fou :

PROLOGUE.

Je chante, danse, déclame,
Je fais la fille, la femme,
Et l'homme itou,
Et l'homme itou,

LA FOIRE.

Air: Lere la.

J'ai tout, je suis tout, je fais tout,
Je fais l'homme & la femme itou ;
Seule elle est une troupe entière.
Lere la, lere lanlere, lere la, lere lanla.

ARLEQUIN.

Ne vous moquez pas ; mettez-moi seulement à l'épreuve.

Air : Me promenant un matin, &c.

J'ai le jeu vif & badin :
Je joins l'art à la nature ;
Turelure,
Turelure :
Je suis un petit lutin,
Latu, latin, tintin, terelintintin,

PROLOGUE.

Et très-fertile en posture;
Turelure,
Turelure,
Et lonlanla, je veux enfin,
Je veux faire votre Arlequin.

LA FOIRE.

Vous, Mademoiselle? Une fille, en habits d'Arlequin!

ARLEQUIN.

Où est la difficulté? J'en serai quitte pour attacher ma ceinture un pied plus bas.

LA FOIRE.

Air: *De Robin turelure.*

Sous ce vêtement bouffon,
Pour le coup je serois sûre,
De la vertu d'un tendron,
Turelure,
D'en bas jusqu'à la ceinture,
Robin turelure, lure.

Quoi, Mademoiselle, vous prendriez les tons d'un Arlequin? Vous auriez son geste? Vous feriez la grimace? Vous?

PROLOGUE.

ARLEQUIN.

Air : *Du haut en bas*

Je la ferai.

Reposez-vous sur ma parole ;

Je la ferai.

Et de plus j'y réussirai.

LA FOIRE.

Mais à la fin de votre rôle,

Si l'on crioit : la capriole ?[1]

ARLEQUIN, *faisant la capriole.*

Je la ferai.

Tenez, la voilà ; qu'à cela ne tienne : mille pour une. Nous sommes bien à une capriole près, nous autres Comédiennes.

---

[1] Depuis qu'on avoit vu le petit Arlequin faire la capriole dans *Thixon*, le Parterre lui ordonnoit, à la fin de toutes les Pièces, de la faire. Et quand on vit Mademoiselle LEGRAND faire l'Arlequin, dans *l'Impromptu de la Folie*, dans le goût du petit THOMASSIN, on lui ordonna, à la fin de la Pièce, la capriole. Elle obéit.

PROLOGUE.

Air : *La bonne aventure o gué.*

Dans les Troupes d'Histrions,
Fille qui s'enrôle,
A déja pris des leçons ;
Et fait gaîment sans façons,
Une capriole,
O gué ;
Une capriole.

[*Il s'en va, en faisant encore une capriole.*]

SCÈNE V.

LA FOIRE, *seule.*

VOILA un trésor ; mais cela ne suffit pas. Il faut une Piéce ; il faut.... Oh, voici donc enfin la Folie.

SCÈNE VI.
LA FOIRE, LA FOLIE.

LA FOLIE, *après que l'Orchestre a joué l'air*:
Plan, plan, plan, place au régiment de la Calotte.

Sous mes drapeaux je vous reçois,
Braves Comédiens François.
Vous servez donc, sur votre Scène,
Des mets de la table Foraine [1] ?
En quartier, pour ce beau coup-là,
A Montmartre on vous enverra,
Le cul dans une hotte !
Et plan, plan, plan,
Place au régiment de la Calotte.

---

1 *L'Impromptu de la Folie* étoit une Pièce, ou, pour mieux dire, une Farce de bas aloi, qui n'auroit pas été bonne pour la Foire, faute d'Acteurs qui l'eussent pû relever, comme aux François ; il n'y avoit qu'une voix là-dessus.

PROLOGUE.
[*A la Foire.*]

Ah, bon jour, grosse Maman : je vous cherchois, je l'avois oublié ; je vous vois, je m'en ressouviens. Voyons, parlons un peu d'affaires. Où en êtes-vous ? Contez-moi un peu ça.

LA FOIRE.

Il est presque temps de venir. En vérité, Madame la Folie, vous n'êtes pas sage....

LA FOLIE, *l'interrompant brusquement.*

Tant mieux !

LA FOIRE.

Je veux dire que vous n'y pensez pas, de m'abandonner comme vous faites. Quoi....

LA FOLIE.

Est-ce ma faute à moi ?

Air : *Ma Commère quand je danse.*

Je voudrois toute ma vie
Ne demeurer qu'avec vous.
J'aime votre compagnie,
Et pour moi rien n'est plus doux.

PROLOGUE.

Mais vous allez,

Mais vous venez,

Mais vous allez,

Vous venez,

Vous allez,

Tantôt au Fauxbourg Saint-Germain, tantôt au Fauxbourg Saint-Laurent; de-là chez Monsieur votre Cousin l'Opéra [1], où je vous avois laissée. Je reviens enfin vous chercher à votre adresse ordinaire, *néant*; je ne trouve ni vous, ni votre maison [2].

LA FOIRE.

Que voulez-vous ?

Air: *Monsieur le Prévôt des Marchands.*

La Foire est comme ces Beautés,

Qui courent de tous les côtés,

---

[1] La dernière Foire avoit fini par trois représentations de mon *Fâcheux Veuvage* sur le Théâtre de l'Opéra.

[2] On venoit d'abattre l'ancienne Loge de l'Opéra-Comique à la Foire Saint-Germain, pour faire un marché; & c'étoit, pour la première fois, qu'il s'établissoit à la rue de Bussi. Ce Prologue-ci eut l'étrenne de la nouvelle Loge.

PROLOGUE.

Sans en être plus estimées ;
Et qui, n'ayant plus de Chalands
Pour rétablir leurs renommées,
Déménagent à tous momens.

LA FOLIE.

Poussez, poussez la comparaison plus loin, & convenez que vous avez eu le sort de plusieurs de ces Beautés, dont le quartier du Palais-Royal a achevé de ruiner le crédit & la réputation.

LA FOIRE.

Laissons cela ; j'ai fait maison neuve : il s'agit de bien engraîner. Voyons vite ; que m'apporterez-vous ?

LA FOLIE.

Ce que je vous apporte ? Moi ! Rien.

LA FOIRE.

Comment rien ?

LA FOLIE.

Quoi que ce soit.

PROLOGUE.

LA FOIRE.

Air : Lanturelu.

Peste soit la bête !
Quoi ! vous n'avez pas
Quelque pièce prête ?
Que ferai-je, hélas !

LA FOLIE, *se frappant le front.*

N'ai-je pas ma tête,
La source de l'Impromptu ?

LA FOIRE.

Lanturelu, lanturelu, lanturelu.

LA FOLIE.

Qu'appelez-vous lanturelu ? N'avez-vous pas vu celui dont je viens d'enrichir la Comédie Françoise.

LA FOIRE.

Ah ! oui, à propos ! hélas ! je faisois comme le Public ; j'avois mis cela avec l'Almanach de l'an passé. Ah, diable ! vous avez raison.

PROLOGUE.
LA FOLIE.

Heim! mon Commandeur de la Rocaille, qu'en dites-vous?

LA FOIRE, *contrefaisant Armand, qui jouoit ce rôle, en parlant beaucoup du nez.*

Ah, ma foi, ça étoit beau! ça étoit beau!

LA FOLIE.

Et mes Nouveaux débarqués?

LA FOIRE, *contrefaisant le même ton.*

Ah, ma foi, ma foi, parfait; ça étoit parfait!

LA FOLIE.

Pour la troisième Pièce....

LA FOIRE.

Ah! ha[1]! la verita a a a, la verita a a a; bravo, bravo, bravo; bene, bene, bene[2]! Ah! ma foi! ma foi! ça étoit beau! ça étoit beau[3]!

---

[1] Imitant la petite LEGRAND, qui avoit parfaitement imité la Cantatrice de la Comédie Italienne.

[2] Imitant ARMAND, qui avoit parfaitement imité Pantalon.

[3] Du nez, comme le Commandeur.

PROLOGUE.

LA FOLIE.

N'est-il pas vrai que cela étoit beau ?

Air : *Réveillez-vous, Belle endormie.*

Eh bien, d'un terrible déboire
Ce doit être un sujet pour vous ;
Car enfin, Madame la Foire,
J'avois fait tout cela pour vous.

LA FOIRE.

Eh pourquoi donc m'en avoir sévrée, infidelle amie ?

LA FOLIE.

Hélas ! bien innocemment ! La Comédie Françoise sait si bien se travestir, & prend si bien, quelquefois, votre forme & votre figure, que les plus clairvoyans s'y trompent ; & comme je ne suis pas des plus avisées de ce monde, j'étois, comme beaucoup d'autres, dans l'erreur, quand je lui livrai ma marchandise. Mais, ma Commère, pardonnons-lui cela.

Air : *De tous les Capucins du monde.*

Entre voisins point de rancune.

PROLOGUE.

LA FOIRE, *au Public.*

Messieurs, plaignez mon infortune !
Cela n'est-il pas enrageant ?
Tout le monde me dévalise !
L'Opéra [1] me prend mon argent,
Et mes voisins ma marchandise !

Et une certaine Pièce..... comment : Aidez-moi à dire..... *l'Italienne-Françoise* [2]. N'étoit-ce pas encore pour moi que vous aviez fait cela ?

LA FOLIE.

Ah pour cette pièce, je ne crois pas que vous la revendiquiez.

Air : *Tu croyois en aimant Colette.*

C'étoit un ouvrage à la glace,
Qui partout n'auroit valu rien.
Ces Pièces là sont à leur place ;
Sur le Théâtre Italien.

---

[1] Le privilége de l'Opéra-Comique valoit à l'Opéra 2000 livres par an.

[2] Les Italiens, piqués que les François les eussent imités, donnèrent une Pièce Françoise, où Flaminia faisoit Crispin. La Pièce tomba.

PROLOGUE.
LA FOIRE.

Que chaque Troupe ne joue-t-elle aussi son jeu ? La Françoise ne devoit pas s'y prendre à l'Italienne, l'Italienne à la Françoise, & toutes les deux ne pas faire des courses de tous côtés sur moi. De quoi, sur-tout, s'est avisé cette Italienne, de contrefaire le François ?

LA FOLIE.

Air : *Que devant vous tout s'abaisse, &c.*

Quand de Vénus on eut vu la ceinture,
Sangler en France un habit d'Arlequin ;
La Signora, jalouse outre mesure,
Crut en sangler un habit de Crispin.
  Mais dans sa botte,
  Dans sa culotte,
  La Signora
Ma foi, s'embarrassa.

LA FOIRE.

Et Momus à cela n'aura pas gardé le tacet ?

Air : *Ton himeur est Caterène.*

N'a-t-il pas eu la malice
D'un peu la timpaniser ?

PROLOGUE.

LA FOLIE.

Sur la tête de l'Actrice
Qui vouloit crispiniser,
Momus a, pour récompense,
Changé, de sa propre main,
En calotte d'ordonnance,
La calotte de Crispin.

LA FOIRE.

Oh ça! la belle extravagante, allons, vîte, un enfant de votre façon? Secouez-moi votre cerveau! voulez-vous accoucher à la façon de Jupiter; que je vous fasse donner un coup de coignée sur la tête?

LA FOLIE.

Tout doucement, je ne l'ai déjà que trop fêlée; & puis, la coignée n'est bonne que pour abattre du bois, elle n'a rien à faire sur la tête des femmes. Après tout, je suis bien embarrassée : je voudrois vous donner quelque chose qui vous caractérisât bien, là, qui fît dire à l'auditoire, nous sommes à la Foire.

PROLOGUE.

Air : Comment faire.

Mais dans le Fauxbourg Saint-Germain,
Vous avez un fâcheux voisin,
Qui s'amuse à vous contrefaire ;
Dans le Marais l'on prend le ton
De ricandaine, ricandon [1],
 Comment faire ?

Air : Des Rats.

Je veux, ma Commère,
Rêver là-dessus :
Je tiens votre affaire....
Je ne la tiens plus....
Attendez, voici qui va plaire....
Non, non, cela ne plairoit pas....
Allons donc, mes Rats !

LA FOIRE.

Courage, animez-vous, Commère !

---

[1] On jouoit aux Italiens une Parodie d'*Ati:*, en Opéra-Comique, où, entre autres obscénités, se trouvoit un couplet sur l'air de *Ricandon*.

PROLOGUE.
LA FOLIE.

Ah! grâce à mes rats,
Nous voilà tirés d'embarras.

Deux sujets: *La Recrue comique*; & un *Atis*, en capilotade.

LA FOIRE.

Fort bien! Un *Atis* encore, après celui des Italiens?

LA FOLIE.

Air: *Pierre Bagnolet.*

La plaisante capilotade!
Qu'elle ne nous rebute pas.
Le cuisinier sale & maussade
Qui s'est mêlé de ce repas,
  L'a fait trop gras!
  L'a fait trop gras!
Le cœur, tant la sausse en est fade,
En soulève aux moins délicats.

LA FOIRE.

Air: *Les Filles de Nanterre.*

C'est de la contrebande;
Mais le Public, enfin,

PROLOGUE.

Aura, sur cette viande,
Passé sa grosse faim.

LA FOLIE.

Il lui faut piquer l'appetit par un nouveau ragoût.

LA FOIRE.

Air : *Des Bourgeois de Chartres.*

Toute mon épouvante,
De leur état briffé,
C'est que le mien ne sente,
Un peu le réchauffé.

LA FOLIE.

Oh! j'y prendrai bien garde!

LA FOIRE.

Hélas! je crois entendre
Chacun qui dit déjà,
Voilà,
Le pauvre *Atis*, rôti,
Bouilli,
Et traîné par la cendre!

PROLOGUE.

[*au Public.*]

Hélas, Messieurs,

Air : *O reguingué, ô lonlanla.*

Nous vous donnons au même prix ;
Les flons, flons, les landeriris ;
O reguingué ! ô lonlanla !
Mais, pour l'ancienne connoissance ;
Donnez-nous donc la préférence !

Oh çà, des Acteurs maintenant.

LA FOLIE.

Ne vous en ai-je pas envoyé déjà d'excellens ?

LA FOIRE.

Le bel envoi, assûrément ! un Bégue, un Boiteux, un Bossu ; j'ai tout envoyé au Diable.

LA FOLIE.

Mal-à-propos ! très mal-à-propos ! voilà, les Acteurs qu'il faut, pour exécuter des Piéces estropiées, comme les miennes. Que devenoit mon

Impromptu, [1] aux François, sans le secours d'un Nasillard, d'un Bredouilleur, & d'un Baragouin ? Et mon Arlequin femelle ?

LA FOIRE.

Oh peste! celle-là, je l'ai gardée!

LA FOLIE.

C'est de l'or en barre, cela; diable! Allons, vaille que vaille, ma Suite suppléera au reste.

Air : *Du Fleuve d'Oubli.*

Troupes de mon domaine,
Qui suivez mes drapeaux !
O, ô, ô, ô !
Paroissez sur la Scène,
Quintes & Vertigos !
O, ô, ô, ô !
Faites triompher la Foire,
Et que tout chante ici,
Biribi,
Notre gloire.

---

[1] *L'Impromptu de la Folie* dut son succès au nasillement du Commandeur de La Rocaille, à l'imitation du baragouinage de Pantalon, & au bredouillement d'un Notaire, parlant vite, représenté par Poisson.

PROLOGUE.

SCÈNE VII & dernière.

LA FOIRE, LA FOLIE, TROUPE DE QUINTES ET DE VERTIGOS.

ENTRÉE DES QUINTES ET DES VERTIGOS.

UNE QUINTE, *chante.*

Amans, votre fortune est toujours incertaine !
Elle tourne à tous vents, elle approche, elle fuit.
  Une Quinte vous la ravit :
  Un Vertigo vous la ramène.

(*La danse reprend, & est entrecoupée du Vaudeville suivant.*)

VAUDEVILLE.

LA FOLIE.

Accourez, Jeux, Ris & Grâces !
Que l'ennui soit fait capot !
Vous devez suivre mes traces,

Z ij

Et c'est ici mon tripot;
Tourelou, tourelou, tourelouribo;
Le drôle de Vertigo!

UNE QUINTE.

SOUVENT, sans raison Georgette
Se fâche contre Guillot;
Guillot enfle sa musette,
Elle s'appaise aussi-tôt.
Tourelou, tourelou, tourelouribo;
Le drôle de Vertigo!

UN VERTIGO.

DAMIS enferme sa femme;
Elle vivoit comme il faut:
L'ennui fait rêver la Dame;
Le Jaloux en est le sot.
Tourelou, tourelou, tourelouribo;
Le drôle de Vertigo!

PROLOGUE.

UN PAYSAN.

Je sens mon feu qui redouble,
Quand je sis près de Margot;
Je soupire, elle se trouble:
Et pis je ne disons mot.
Tourelou, tourelou, tourelouribo,
Le drôle de Vertigo!

LA FOIRE.

Cothurne, l'on vous déchausse;
Melpomène est en sabot:
Elle a mis le haut-de-chausse
D'Arlequin & de Pierrot.
Tourelou, tourelou, tourelouribo,
Le drôle de Vertigo!

[*La danse reprend, & le Prologue finit.*]

PERSONNAGES.

ATIS, Pierrot.

CÉLÉNUS, le Docteur.

CIBÈLE, Arlequin.

SANGARIDE.

LE SOMMEIL.

UN SONGE *agréable.*

UN SONGE *funeste.*

TROUPE DE SONGES *agréables.*

TROUPE DE SONGES *funestes.*

TROUPE D'IVROGNES.

La Scène est chez Cibèle.

ATIS,
PARODIE
EN UN ACTE.

SCÈNE PREMIÈRE.

SANGARIDE, ATIS.

ATIS, *ivre.*

Air : *Belle Brune.*

SANGARIDE !
Sangaride !
J'ai le cœur tout plein de toi.

SANGARIDE.

Oui, quand ta bouteille est vuide.

ATIS.

Sangaride !
Sangaride !

Air : *Lampons.*

Quelque déplaisir secret
Met de travers ton bonnet :
Lorsque l'ennui nous obsède,
J'y connois un bon remède,
Lampons !
Lampons !
Sangaride, Lampons.

SANGARIDE.

Air : *Non, je ne ferai point ce qu'on veut que je fasse.*

Atis, vous n'aimez point, & vous en faites gloire;
Ou bien, si vous aimez, hélas! c'est donc à boire!

ATIS.

Oui, quand je passe un jour sans boire, par ma foi,
Sangaride[1], ce jour est un grand jour pour moi !

SANGARIDE.

Adieu, sac-à-vin; adieu.

(*Elle veut s'en aller ; Atis l'arrête.*)

---

[1] Vers de l'Opéra.

PARODIE.

ATIS.

Air : *Ton himeur est Catherène.*

Oh, parbleu, je te veux suivre !

SANGARIDE, *le repoussant.*

Qu'un homme ivre est ennuyeux !

ATIS.

C'est pourtant, quand je suis ivre,

[*Il fait un hoquet.*]

Que je soupire le mieux :
Ce n'est qu'à jeun, Sangaride,
Qu'Atis est indifférent.

SANGARIDE.

Pour un ivrogne, perfide !
Je vous trouve à jeun souvent.

ATIS.

Ah, parbleu ! je n'y suis pas maintenant ! vous avez ce que je viens de vous offrir, en entrant.

SANGARIDE

Air: *Vas-t'en voir s'ils viennent, Jean.*

J'aurois, en d'autres instans,
Trouvé l'offre honnête;
Mais, c'est bien prendre son temps,
Quand la nôce est prête!
Et viens-t'en voir la fête,
Jean!
Viens-t'en voir la fête!

ATIS, *brusquement.*

Air : *Gascon.*

Diga, Jeannette,
Ti voli marida?
Larirette!
Diga, Jeannette,
Ti voli marida?

SANGARIDE.

Oüi, couquis, mi voli marida; & si tu veux savoir avec qui, c'est avec Célénus; avec ton maître.

PARODIE.

Air : *Un petit moment plus tard.*
Le lit nuptial est tout prêt.

ATIS.

Ah ! quelle disgrâce !

SANGARIDE.

Et Célénus a déjà fait
Bassiner sa place.
Adieu ; je m'en vais gaîment
Où je suis attendue :
Tu me peux, dans un moment,
Compter (*bis*) perdue !

ATIS.

Air : *Non, je ne ferai point.*
Non, tu ne feras point ce qu'on veut que tu fasses ?

SANGARIDE.

Je le ferai comme je le dis.

ATIS.

Me préférer un vieux Pénard comme cela !

Air : *Les Filles de Nanterre.*
Je vois ce qui t'enchante ;
C'est qu'il est grand Seigneur.

SANGARIDE.

Le bon vin me supplante
Dans ton volage cœur.

ATIS.

Air : *Les Insulaires.*

Quoi ! pour du bien tu deviens infidèle ?

SANGARIDE.

Quoi ! pour du vin tu me manques de foi ?

ATIS.

Vous changez donc ainsi, Beauté cruelle !

SANGARIDE.

Tu me trahis, & comment ? Et pourquoi ?

ATIS.

Ce n'est pas moi !

SANGARIDE.

Ce n'est pas moi !

ATIS & SANGARIDE.

Ce n'est pas moi.
Mais c'est toi,
Mais c'est toi,

PARODIE.

Qui pour du { bien / vin } me deviens infidèle.
Qui pour du { bien / vin } m'ose manquer de foi.

ATIS.

Eh bien, promets-moi donc que nous nous verrons, malgré le mariage.

SANGARIDE.

Volontiers ; mais n'y aura-t-il point de danger pour ma gloire ?

ATIS.

Vous ne vous souvenez donc plus de ce que vous me disiez tantôt.

Air : *Quand le péril, &c.*

Quand le péril est agréable, ...

(*Il change d'air.*)

Gnia pas d'mal à ça,
Gnia pas d'mal à ça.

SANGARIDE.

Paix ! J'entends Cybéle & Célénus qui remuent dans la chambre haute.

Fuyons, fuyons, séparons-nous [1],
La Vieille va descendre.

ATIS.

Allons, allons, enivrons-nous,
Le vin me rend plus tendre.

SCÈNE II.

CYBÈLE, CÉLÉNUS, SANGARIDE.

CYBÈLE, *à Célénus.*

ILLUSTRE fils du Dieu de la mer, vous faites trop d'honneur à la fille d'un petit ruisseau, de vouloir bien l'épouser.

(*à Sangaride.*)

Air : *Le Branle de Metz.*

Sangaride, la fortune
Qui te donne à Célénus,
T'élève bien au-dessus,
De ta naissance commune.

---

1 Parodié de l'Opéra d'Atis.

PARODIE.

Rends lui grâce, & songe bien
Qu'il est bâtard de Neptune;
Son père est noble, & le tien
Portoit de l'eau chez le sien.

CÉLÉNUS.

Air d'Opéra : *Un grand calme est trop fâcheux.*

Venez, nous vivrons heureux,
J'ai l'humeur peu remuante ;
Dans une paix innocente,
Nous dormirons tous les deux.

SANGARIDE.

A quoi sert une eau dormante ?
Un grand calme est trop fâcheux :
Nous aimons mieux la tourmente.

La Jeunesse aime le bruit & le mouvement.

Air : *Vous en venez.*

D'abord, un grand bal à ma noce;
Nous verrons, avec votre bosse,
Comment vous vous en tirerez :
Vous danserez,
Vous danserez ;

Avec moi vous y danserez,
Vous la danserez.

CÉLÉNUS.

Air d'Atis : *La Beauté la plus sévère.*

Mais le moindre pas me coûte,
Je ne vais plus sans broncher.
L'eau qui tombe goutte-à-goutte,
Creuse le plus dur rocher.
Le temps vient, l'âge nous gèle.

SANGARIDE.

Nous aurons du feu tout prêt.

CÉLÉNUS.

Doucement, Mademoiselle;
Chez nous autres, comme on sait;
Le feu vient quand on l'appelle,
Et chez vous quand il vous plaît.

CYBÈLE.

Vous vous accommoderez bien. Sangaride, allez toujours devant; allez réchauffer la place.

SCÈNE III.
CÉLÉNUS, CYBÈLE.

CYBÈLE.

Air : *Lonlanladeriri.*

Vous aurez-là, pour un Barbon,
   Diablement d'occupation,
   Lonlanladeriue ;
Et moi j'en veux avoir aussi,
   Lonlanladeriri.

Air : *Des Trembleurs.*

Quoique vieille qui roupille,
Que le menton me brandille,
Que je porte une béquille,
Et sois Grand'mère des Dieux :
Comme à quelque jeune fille,
Le petit cœur me frétille,
Et je sens bien qu'un bon ...lle,
Me le rendroit tout joyeux.

CÉLÉNUS.

Air : *Vos beaux yeux, ma Nicole.*

Vous charmerez, Madame,
Quiconque vous plaira.

CYBÈLE.

Certain objet m'enflamme.

CÉLÉNUS.

Quel est cet objet-là ?

CYBÈLE.

Votre Valet... lui-même,
C'est Atis ; & je veux
Qu'il sache que je l'aime.

CÉLÉNUS.

Atis est trop heureux !

CYBÈLE.

Air : *Les Filles de Nanterre.*

Ma beauté décrépite,
Va le rendre amoureux :
Envoyez-le moi, vite.

CÉLÉNUS.

Atis est trop heureux !

PARODIE.

SCÈNE IV.
CYBÈLE, *seule.*

Air : *J'entends déjà le bruit des armes.*

Sommeil ! descendez sur la terre ;
Venez ici, Dieu des pavots ;
Mais en venant, n'allez pas faire
Une descente mal-à-propos,
Sur les Loges & le Parterre,
Ainsi qu'aux Opéra nouveaux.
[*Tendrement.*]
Doux sommeil [1].

---

[1] Parodie de l'air bachique : *Doux sommeil, endormez les Amans misérables.*

SCÈNE V.
CYBÈLE, LE SOMMEIL.

LE SOMMEIL, *du même ton que* Doux sommeil, *en entrant sur le Théâtre languissamment.*

Me voilà !

CYBÈLE.

Pardon; je vous tire peut-être de quelque lieu de repos, où vous vous trouviez mieux qu'ici.

LE SOMMEIL.

Air : *Du Cap de Bonne-Espérance.*

Non, j'étois à l'Audience,
Et sur des gens à rabat,
J'étendois là ma puissance,
Sous un habit d'Avocat :
Je n'avois plus rien à faire,
Quand votre voix qu'on révère,
M'a tout fait abandonner ;
Car on alloit opiner.

PARODIE.

Air : *M. le Prévôt des Marchands.*

De quoi s'agit-il ?

CYBÈLE.

En dormant,
D'entretenir obligeamment
Le bel Atis, qui va paroître,
De tout ce que ressent mon cœur,
Dont l'Amour l'a rendu le maître.

LE SOMMEIL.

Vous me faites bien de l'honneur.

CYBÈLE, *minaudant.*

Air : *Je ne suis né ni Roi ni Prince.*
Faites qu'à m'aimer tout l'engage :
Présentez-lui bien mon image ;
Mettez, s'il vous plaît, tous vos soins
A peindre ma beauté divine.

[*Elle s'en va & revient.*]

Mais que mon image du moins,
Ne fasse pas la libertine.

LE SOMMEIL.

Et Atis ?

ATIS,

CYBÈLE.

Air : N'oubliez pas votre houlette.

Qu'Atis, ainsi que mon image,
Soit sage ;
Qu'il s'en tienne au respect.
Je ne veux pas que mon portrait
Le divertisse à mon dommage :
Qu'Atis, ainsi que mon image,
Soit sage :
Songez-y, s'il vous plaît.

[*Elle s'en va.*]

LE SOMMEIL.

Air : Tarare, ponpon.

Vous serez tous les deux retenus & modestes.

SCÈNE VI.

LE SOMMEIL, *seul, poursuivant l'Air.*

Phantaze & Phobetor, venez prendre ma loi !
Venez, Couriers célestes,
Faire ici votre emploi !
Songes gais, & funestes
A moi !

SCÈNE VII.

LE SOMMEIL, UN SONGE *agréable.*

LE SOMMEIL.

Bon, voici déjà un Songe agréable.

LE SONGE *agréable, arrivant en courant.*

Par ma foi, vous êtes cause que voilà une pauvre fille au désespoir.

LE SOMMEIL.

Pourquoi donc ?

LE SONGE *agréable.*

Air : *Amis, sans regretter Paris.*

Je la parois d'un vêtement,
  Des plus brillants qu'on mette ;
Et lui faisois voir un amant,
  Entrant dans sa chambrette.

LE SOMMEIL.

Oui ; voilà tout ce que rêve une fille, de la parure, & des amans. Et où en étoit le songe, quand je vous ai appelé ?

LE SONGE *agréable.*

L'amant s'émancipoit.

LE SOMMEIL.

Et la fille ?

LE SONGE *agréable.*

Air : *Et sur-tout prenez bien garde à votre cotillon.*

D'abord elle trouvoit fâcheux,
Qu'on fripât ses beaux habits neufs :
Mais j'ai quitté, quand le Tendron
  Se lassoit de prendre garde
  A son beau cotillon.

PARODIE.
LE SOMMEIL.

Ce songe-là trouvera bien son dénouement sans vous. Ah! voici un mauvais Songe. D'où vient-il lui?

SCÈNE VIII.
LE SOMMEIL, UN SONGE *agréable*, UN SONGE *funeste*.

LE SONGE *funeste*.

Air : Joconde.

Je sors de chez un Procureur,
   A qui je faisois croire,
Que des Brigands, avec fureur,
   Enfonçoient son armoire.
Il crie à présent, au voleur,
   Dans une peine extrême;
Et ce cri n'est pas une erreur;
   Car il se tient lui-même.

[*Le Songe, en disant ce dernier vers, se prend par le bras.*]

Mais parlez donc, Monsieur le Sommeil, ne m'allez pas donner de sottes commissions ?

LE SOMMEIL.

Quelles commissions ?

LE SONGE *funeste.*

Air : *L'autre jour j'apperçus.*

Sans cesse vous voulez, qu'en songe,
Je montre à des maris bourrus,
Leurs femmes les faisant cocus :
Moi, qui suis ami du mensonge,
Je crois les tromper ; & je sais
Que tous ces rêves sont trop vrais.

LE SOMMEIL.

Vous ferez ce que vous aurez ordre de faire.

Air : *De Vendôme.*

Paix là ; paix ! taisez-vous !
Le bel Atis vient à nous.
Silence !
Silence !

(*Le Sommeil & les Songes se retirent.*)

SCÈNE IX.

ATIS, *seul.*

(*Il entre avec un verre & une bouteille à la main, en dansant.*)

Air : *Ah ! Philis, je vous vois.*

Que le jus de la treille est charmant !
Plus j'en bois, plus j'aime tendrement :
Mon cœur étoit indifférent ;
Je le sens maintenant.
Vive le vin ! Plus on boit, plus on aime ;
J'en boirai tant, j'en avalerai tant,

(*Il change d'air en versant dans son verre.*)

Air : *De Vendôme.*

Tant & tant !
Tant & tant !
Que je deviendrai constant.
Rasade !
Rasade !

A T I S,

[*Il change d'air.*]

Air : *Ramonez-ci.*

A ta santé, vieux Druide
Qui dors avec Sangaride !
Réveillez-vous, vieux Papa,

[*Il boit.*]

Ramonez-ci, ramonez la, la, la, la,
La cheminée ......

(*Il change d'air.*)

Air : *Du haut en bas.*

Du haut en bas,
Nous vous ajusterons la tête,
Du haut en bas :
Les cornes n'y manqueront pas.

Air : *Ah, que Colin l'autre jour me fit rire.*

Car, à la barbe du Dieu d'Hyménée,
Sangaride & moi, dans cette journée,
Nous nous sommes promis cela;
Aaa, aaa, aaaaa.

(*Il fait des esses, & change d'air.*)

PARODIE.

Air : *Dondaine, dondaine.*

Mais, je fais des esses déjà,   *bis.*
Et je parle bredi breda ;
Je bâille !
Je bâille !
Dormons sur ce lit là,
Vaille que vaille.

[*Il se couche sur un banc.*]

SCÈNE X.

LE SOMMEIL, UN SONGE *agréable*, UN SONGE *funeste*, ATIS *endormi*.

LE SOMMEIL, *assis à la tête d'Atis, chante lentement.*

Dormez ! beaux yeux qu'on adore !
[*Il change d'air, & chante toujours lentement.*]
Dormez paisibles !
On fera bien du fracas,
Des sauts & des cris terribles :
Mais ne vous réveillez pas.

[*Danse d'un Songe agréable.*]

ATIS,
UN SONGE agréable.
[à Atis.]

Air : *La Ceinture.*

Bel Atis ! rendez grâce aux Dieux ;
Votre fortune est sans seconde ;
Vous avez charmé les beaux yeux
De la bisaïeule du monde !

ATIS, *dormant chante.*

Ah ! ah ! Cybéle a bon air !
La peste ! qu'elle a bon air !
Ah ! Ah !......

[*Il s'interrompt pour ronfler.*]

UN SONGE *agréable.*

Air : *Nanon dormoit.*

D'un nouveau feu,
Animez-vous pour elle !
Car c'est trop peu,
Que d'honorer Cybéle,
Et que de l'estimer ;
Il faut....
Il faut....

ATIS *dormant, chante.*

Air : J'entends le moulin, tique, tique, tac.

Hélas ! Mondieu ! je sais ce qu'il lui faut.
J'entends......

[*Il s'interrompt pour ronfler*].

LE SONGE *agréable, finit l'air qu'il a commencé,*
& qu'Atis a interrompu.

Il la faut encor plus aimer.
La bonne Vieille veut de la tendresse ; c'est là sa marotte.

[*La danse des Songes agréables reprend.*]

UN SONGE *funeste, le pistolet sur la gorge*
d'Atis, endormi.

Air.....

Garde-toi de faire le rebelle !
Garde-toi d'imiter les ingrats !
Songe bien à cajoler Cybèle !
Autrement tu t'en repentiras !
Tu ne pourras pas
Fuir le trépas :

Si tu ne fais cas,
De ses appas,
Tu périras !
Songe bien que tu périras.

CHŒUR.

Tu ne pourras pas
Fuir le trépas :
Tu périras !
Si tu ne fais cas
De ses appas,
Tu périras !
Songe bien que tu périras !

(Danse des Songes funestes.)

LE SONGE *funeste.*

Air : *Quand on obtient ce qu'on aime.*

Il faut qu'on l'aime ou qu'on crève !
L'on t'offre, l'on t'offre le choix. *bis.*

CHŒUR.

Il faut qu'on l'aime ou qu'on crève !
L'on t'offre, l'on t'offre le choix. *bis.*

PARODIE.

(La danse des Songes funestes reprend : après quoi,
le Chœur répète deux fois encore.)

Il faut qu'on l'aime, ou qu'on crève :
L'on t'offre, l'on t'offre le choix.

LE SONGE *funeste tire son pistolet, renverse le*
banc sur lequel Atis dort; & tout disparoît.

SCÈNE XI.

ATIS *seul, courant de côté & d'autre, comme*
un homme effrayé.

Air : *Pour la Baronne.*

Miséricorde !
Que Diable viens-je de rêver !
Quoi sans que de rien l'on démorde,
Aimer une Vieille, ou crever !
Miséricorde !

Tome V. Bb

SCÈNE XII.
CYBÈLE, ATIS.

CYBÈLE *tendrement, & prenant Atis par le menton.*

Air : *Petits oiseaux, rassurez-vous.*

PETIT moineau, rassurez-vous !

ATIS.

Ah, Madame ! vous me voyez encore tout effaré d'un songe apéritif....

Air : *C'est une médisance.*

De grands vilains loups-garoux,
Vouloient m'assurer que vous....
Mais, c'est une médisance.

CYBÈLE.

Poursuivez, sans répugnance ;
On ne vous a point flatté.
Ce qu'ils ont dit je le pense :
C'est la pure vérité.

(*Elle change d'air.*)

PARODIE.

Air : *Ah, Philis, je vous vois, je vous aime.*

Oui, cher Atis : je vous veux, je vous aime ;
Si je vous ai, je vous aimerai tant !

Et c'étoit pour vous déclarer mon amour que je viens de vous envoyer le Sommeil, & les Songes qui vous ont fait si peur.

ATIS.

Pardi, Madame, il est bon là.

Air : *Éveillez-vous, Belle endormie.*

Pourquoi, si vous le vouliez dire,
Comme vous faites, tout de go,
M'exposiez-vous, pour m'en instruire,
A pisser de peur, au dodo.

CYBÈLE.

Air : *Vivons pour les fillettes.*

Ne te fâche pas, mon poupon,   *bis.*
Ta maman te va faire un don,
Qui te fera bien aise.

ATIS.

Eh fi ! que Diable me pouvez-vous donner ?

CYBÈLE.

Un joujou qui t'appaise,
Joujou,
Un joujou qui t'appaise.

ATIS.

Voyons donc un peu ce beau joujou là.

CYBÈLE.

C'est une baguette, avec laquelle tu feras tout ce que tu voudras. Tu n'auras qu'à souhaiter ; sur le champ, tu seras satisfait. Je vais te le chercher, & je reviens.

SCÈNE XIII.

ATIS, *seul.*

OH, Diable! c'est une autre affaire ceci! Oh bien, puisque je n'aurai qu'à souhaiter, souflons Sangaride au nouveau marié !

Air : *Ma raison s'en va beau train.*

Elle est au lit nuptial,
Auprès de mon vieux rival,

PARODIE.

Qui l'y tient gratis;
Crac, auprès d'Atis,
Tout-à-l'heure elle saute.
Et pour la mettre à rémotis,
Zeste, je l'escamotte !
Lonla,
Zeste, je l'escamotte !

SCÈNE XIV.
CYBÈLE, ATIS.

CYBÈLE, *donnant une baguette à Atis.*

Air : *Je reviendrai demain au soir.*

ATIS, recevez ce présent;
Vous voilà tout-puissant ! *bis.*
Vous n'avez plus rien qu'à vouloir.
ATIS, *en s'en allant.*
C'est ce que je vais voir. *bis.*

SCÈNE XV.

CYBÈLE, seule.

Et moi, je vais voir à quoi tu employeras le don précieux que je te fais.

[*d'un air tendre.*]

Air : *La beauté, la rareté, la curiosité.*

Peut-être à me trahir! je crains de Sangaride,
   La beauté!
Enrichir un galand, sans en faire un perfide!
   La rareté!
J'ai, de voir, où d'abord la baguette le guide,
   La curiosité.

Mes Démons ont un ordre secret. Dès qu'ils lui auront obéï de le transporter dans cet appartement. Il y doit être déjà. Voyons.....

(*Elle veut s'approcher du trou de la serrure pour y regarder.*)

SCÈNE XVI.
CÉLÉNUS, CYBÈLE.

CÉLÉNUS, *habillé en manteau de lit, & à peu près comme M. de Sottenville, entre, comme un forcené, en criant.*

ARRÊTE! arrête! arrête! au voleur! ah! Madame! aidez-moi! courons après!

CYBÈLE, *avec un air effrayé.*

Après qui?

CÉLÉNUS, *courant de tous côtés*

Je ne sais pas!

CYBÈLE.

De quel côté?

CÉLÉNUS.

Je n'en sais rien.

CYBÈLE.

Air : *De quoi vous plaignez-vous.*

Ah quel effroi jaloux,
Vient s'emparer de mon ame?

Parlez donc, dites-nous,
De quoi vous plaignez-vous ?

CÉLÉNUS.

Hélas ! le Diable, Madame,

CYBÈLE, *l'interrompant.*

Le Diable ! eh bien, Célénus ?

CÉLÉNUS.

Vient d'emporter ma femme !

CYBÈLE, *courant regarder au trou de la serrure.*

Le Diable aura fait plus !

CÉLÉNUS, *au-devant du théâtre, sans songer à ce que devient Cybèle.*

On alloit la déshabiller !
Et d'un œil qui déjà dévoroit mon espoir [1],
Je m'enivrois, hélas ! du plaisir de la voir.

Air : *Adieu Paniers.*

Ses jarretières étoient défaites,
J'allois voir un petit pied-nu ;
Tout-à-coup elle a disparu.

---

[1] Vers d'Andromaque.

PARODIE.

CYBÈLE, *qui a regardé tout ce temps-là par la porte, revient toute furieuse, & chante en faisant tomber Célénus.*

Adieu Paniers, vendanges sont faites !

CÉLÉNUS, *se relevant.*

Mordienne de vous! vous m'avez fait une bosse au front.

CYBÈLE, *courant çà & là.*

On t'en va faire bien d'autres, vas ; on va t'en faire bien d'autres !

CÉLÉNUS.

Air : *Je reviendrai demain au soir.*

Que voulez-vous dire ? & pourquoi
Le trouble, où je vous voi ?   *bis.*

CYBÈLE.

Oh ! pour le coup, chantons tous deux :
Atis est trop heureux !   *bis.*

CÉLÉNUS.

Atis ? Comment ?

CYBÈLE.

Atis est là-dedans avec votre femme ; & c'est lui qui vous l'a prise.

CÉLÉNUS.

Mon valet !

CYBÈLE.

Lui-même.

Air, de l'Opéra d'Atis : *Un grand calme est trop fâcheux.*

>Le pendard est amoureux
>De ma chienne de servante :
>Je les ai vus par la fente,
>Qu'ils se moquoient de nous deux.

[*Elle change d'air*].

>Mais tiens la bien, tandis que tu la tiens,
>Tu ne la tiendras plus guère.

CÉLÉNUS.

Comment ? il ne la tiendra plus guère.

Air : *Voici les Dragons qui viennent.*

>Qu'il ne tienne la traîtresse,
>Plutôt point du tout !

PARODIE.

Madame, la chose presse,
Et de près, vous intéresse;
　　Et moi itou!
　　Et moi itou!

CYBÈLE.

Air : *Ahi, ahi, Jeannette.*

De leurs perfides amours
J'avois quelque défiance.

CÉLÉNUS.

Oh! babillez donc toujours!
Cependant le mal avance;
　　Ahi! ahi! ahi!
Ahi! ahi! ahi la tête!

CYBÈLE.

Qu'ils paroissent ici tous les deux, tout à l'heure.

SCÈNE XVII.
CYBÈLE, CÉLÉNUS, ATIS, SANGARIDE.

ATIS, *sans chapeau & tout surpris.*

ON voit bien que j'étois servi par les valets du Diable, qui en font plus qu'on ne leur en dit. D'où vient diantre nous trouvons-nous ici ?

CYBÈLE.

Vous ne deviniez pas que je vous ferois enfermer tous les deux chez moi ?

Air : *Lonlanla landerirette.*

Ah ! Ah ! bonnes gens, vous voilà !

(à *Atis.*)

Toi, tu fais donc comme cela
L'essai de ta baguette ?

ATIS ET SANGARIDE.

Nous vous crions tous deux, merci !

CÉLÉNUS ET CYBÈLE.

Lonlanla deriri.

PARODIE,

CYBÈLE, seule.

Air : *Je ne suis né ni Roi ni Prince.*

Point de merci, couple infidéle !

ATIS.

Vous enfermez, Dame Cybéle,
Le chat dans le garde-manger ;
Et quand l'eau lui vient à la bouche,
Qu'il voit du fromage à gruger,
Vous ne voulez pas qu'il y touche.

ATIS ET SANGARIDE.

Morguienne de vous !
Quell'femme, quell'femme !
Morguienne de vous !
Quell'femme êtes-vous ?

CÉLÉNUS à *Atis.*

Pendu, coquin, pendu ! pour vol domestique.

ATIS.

Air : *Talaleri.*

Je n'ai rien volé, sur mon ame.

CÉLÉNUS.

Voyez un peu l'homme de bien !
Scélérat, tu me prends ma femme :
Appelles-tu donc cela rien ?

ATIS ET SANGARIDE.

Bon, bon, ce n'étoit que pour rire,
Talaleri, talaleri, talalerire.

CÉLÉNUS.

Air : *Que faites-vous Marguerite.*

Une chose m'assassine,
C'est de le voir sans chapeau.

ATIS ET SANGARIDE.

Nous vous jurons....

CYBÈLE, *à Sangaride.*

Paix, coquine !
Vous aimez trop le duo.

Air : *Des fraises.*

Vos discours sont superflus :
Allons, point d'indulgence !

PARODIE.
CÉLÉNUS.

Nos intérêts confondus,
Vous demandent là-dessus,
Vengeance,
Vengeance,
Vengeance !

CYBÈLE.

Air : *Des sept sauts.*

Alecton, quittez votre chaudière,
Et laissez tisonner vos deux Sœurs !
Accourez ; & qu'un brûlant clystère,
A ce drôle inspire vos fureurs.

[*à Atis.*]

Vas, vas, tu vas voir beau jeu !

ALECTON *sort par une trappe, avec une seringue, au bout de laquelle est une fusée, & poursuit Atis comme on poursuit M. de Pourceaugnac.*

ATIS, *fuyant.*

Ah ! que vois-je, ventrebleu !
Au feu ! au feu ! au feu !
Au feu ! au feu !
Au feu !

SCÈNE XVIII.

TOUS LES ACTEURS *de la Scène précédente,*
hormis ALECTON.

ATIS, *entrant en fureur, crie:*
Air : *Ma raison s'en va beau train.*

Quel éclat de tonnerre !
[*Il change d'air.*]
Air : *A boire, à boire, à boire !*
Je vois les cieux, la terre,
[*Il change d'air.*]
Air : *Sans-dessus-dessous.*
Tourner de la belle manière,
Sans-dessus-dessous, sans-devant-derrière,
Et vous autres, je vous vois tous,
Sans-devant-derrière, sans-dessus-dessous.
Air : *La jeune Isabelle.*
Le trou du Tartare
S'ouvre dessous moi !

Prenant

PARODIE.

[*Prenant Cybèle pour Sangaride, & Sangaride pour un monstre.*]

  Sangaride, gare !
  Gare ! Sauve-toi
  De ce monstre infâme
  Qui s'avance à nous !

SANGARIDE, *à Cybèle*.

  Un monstre ! ah, Madame !
  Il me prend pour vous.

Air : *Le beau Berger Tircis*.

  (*tendrement*).

  Atis ! mon cher Atis !....

ATIS, *se cachant derrière Cybèle, & faisant la mine que faisoit le garde-moulin aux Enragés, comme s'il contrefaisoit le monstre qu'il croit voir en Sangaride.*

Air : *De la bouche de vérité, & dedans la rage d'amour : prends garde à mes dents.*

  Ah ! vois-tu ses dents !
  Sa gueule avide !

SANGARIDE, *continuant son air.*

Je suis ta Sangaride !

ATIS, *continue son air, avec les mêmes grimaces.*

J'entrerois tout brandi dedans !

SANGARIDE, *continuant toujours son air tendrement.*

Rappelle donc tes esprits !

ATIS, *continuant le sien.*

Quels hurlemens !
Ah, Dieux ! ses deux prunelles
Sont comme deux chandelles !
Prends garde à ses dents.

[*Sangaride lui tend les bras*].

Air : *Des Fraises.*

Ah, vois-tu ! vois-tu ! vois-tu !
Les griffes qu'il dégaîne !
Comme il a l'ongle pointu !
Turlututu, tu, tu,

[*Prenant le bâton de Célénus, qui s'enfuit, avec Sangaride, après laquelle il court*].

Rengaîne !
Rengaîne !
Rengaîne !

SCÈNE XIX.
CYBÈLE, LE CHŒUR.
CYBÈLE.

Air : *Ziste, Zeste, point d'chagrin.*

Ziste, zeste, à coups d'tricot,
Tape-lui, tape-lui, tape-lui la gueule ;
Ziste, zeste, à coups d'tricot,
Tape-lui la gueule, comme il faut.

LE CHŒUR.

Ziste, zeste, à coup d'tricot, &c.

CYBÈLE.

Voilà qui est bien ! redeviens maintenant raisonnable, tant que tu voudras.

SCÈNE XX.

CYBÈLE, LE CHŒUR, ATIS.

ATIS.

Air : Blaise revenant des champs.

Le sens que j'avois perdu,
M'est revenu.   *bis.*
Sangaride! où donc es-tu?

CYBÈLE

Atis, a lui-même,
Rossé ce qu'il aime.

LE CHŒUR.

Atis, a lui-même,
Rossé ce qu'il aime.

ATIS.

Même air.

Qu'entends-je? Que me dit-on!
Quoi! tout de bon?   *bis.*
Je suis un joli garçon!

PARODIE.

CYBÈLE.

Atis, a lui-même,
Rossé ce qu'il aime.

LE CHŒUR.

Atis, a lui-même,
Rossé ce qu'il aime.

ATIS, *en colère.*

Air : *Le fameux Diogène.*

Oh bien, puisque moi même,
J'ai rossé ce que j'aime ;
Il faut, à tour de bras,
Il faut maudite Rosse,
Que maintenant je rosse,
Ce que je n'aime pas.

[*Il se veut jeter sur Cybèle, qui l'enferme dans un cercle qu'elle décrit avec sa baguette, & qui le cloue justement sur l'endroit où il doit être changé en tonneau*].

CYBÈLE.

Air : *Ahi ! ahi ! ahi ! Jeannette.*

Avec moi l'on n'y va pas,
Si vite qu'on s'imagine ;
Tu ne pourras faire un pas,
Hors du rond que je dessine.

ATIS.

Ahi ! ahi ! ahi !
Mes deux pieds prennent racine.
Ahi ! ahi ! ahi ! ahi ! ahi !

CYBÈLE.

Oh ça, il n'y a plus ici à barguigner.

Air : *Adieu, voisine.*

Deussé-je d'un long repentir,
Essuyer le déboire ;
Point de quartier ! il faut choisir
Le trépas, ou la gloire.
M'aimer toute-à-l'heure, ou périr.

ATIS.

J'aime mieux boire.

PARODIE.

CYBÈLE.

Air : *Chantez petit Colin.*

Le petit sac à vin !

ATIS.

La vilaine carogne !

CYBÈLE.

Puisque tu veux de vin,
Toujours avoir le ventre plein ;
Vas-t-en, vilain ivrogne !
Vas rouler en Bourgogne !
  Ennemi de l'eau,
  Laisse-là ta peau,
  Deviens un tonneau.

ATIS, *devenant tonneau.*

Air : *Boire à mon tirelire.*

Mes malheurs en ceci,
Sont moins grands que bien d'autres.
Buveurs, venez ici,
Pour oublier les vôtres !

ATIS,

Empressez-vous !
Accourez-tous,
Boire à mon tirelirelire,
Boire à mon tourlourelourc,
Boire à mon tour.

(*Il devient tout-à-fait tonneau, avant que d'achever.*)

SCÈNE XXI & dernière.

ENTRÉE D'IVROGNES.

[Leur danse est entrecoupée du Vaudeville suivant].

VAUDEVILLE.

Un Ivrogne.

Si jamais le Destin,
    Par un caprice étrange,
Me punit d'avoir aimé le vin,
    J'aime mieux qu'il me change
    En tonneau, qu'en sapin.
Trinque, tope, ô gué ! tin, tin, tin !
Je voudrois être toujours plein.

    Quand l'aimable Catin,
    Veut faire la cruelle ;
Pense-t-on que j'en sois plus chagrin ?
    Non, non, je me ris d'elle,
    En buvant de bon vin.

Trinque, tope, ô gué, tin, tin, tin !
Qui boit se moque du Destin.

L'OPÉRA met en vain,
Du nouveau sur la Scène :
Ce seroit grand pitié du Cousin,
Sans la musique ancienne,
Et notre pot de vin.
Trinque, tope, ô gué, tin, tin, tin !
Il ne vit plus que de gratin.

LE CABARET Forain,
De celui d'Italie,
Pense & parle, avec un fier dédain.
L'Italien décrie,
Le Cabaret forain.
Trinque, tope, ô gué, tin, tin, tin !
Et c'est par-tout le même vin.

F I N.

PHILOMELE,

PARODIE

EN TROIS ACTES;

PRÉCÉDÉE

D'UN PROLOGUE;

Donnée au Théâtre Italien en 1723.

PERSONNAGES
DU PROLOGUE,

M. SANS-RIME,
M. SANS-RAISON, } *Auteurs.*

UN MARQUIS.

M. DÎNE-EN-VILLE, Gascon.

UN CRIEUR DE LIVRES.

BABET, Bouquetière.

LE PORTIER DE LA COMÉDIE.

La Scène est devant la porte de la Comédie Italienne.

PROLOGUE.

SCÈNE PREMIÈRE.

Le Théâtre représente la porte de la Comédie Italienne.

M. SANS-RAISON, *seul.*

NE trouverai-je pas ici quelqu'un qui me paye la Comédie ? Je voudrois bien voir cette *Philomèle-ci* ; je crois que ce sera quelque chose de beau ! mais, comment ferai-je pour la voir ? Morbleu, dès qu'un homme a composé pour un Théâtre, ne devroit-il pas avoir son entrée franche dans tous les autres ? J'ai donné vingt Pièces, tant aux *Danseurs de cordes*, qu'aux *Marionnettes* ; & l'on me fait payer aux *François*, aux *Italiens*, & même à l'*Opéra !* ce n'est guère ménager les gens dont on peut avoir besoin !

SCÈNE II.

M. SANS-RIME, M. SANS-RAISON.

M. SANS-RAISON.

Bonjour, Monsieur Sans-rime.

M. SANS-RIME.

M. Sans-raison, je suis votre serviteur.

M. SANS-RAISON.

D'où venez-vous, comme cela, M. Sans-rime?

M. SANS-RIME.

Du café ; passer, moyennant six sols, ma journée, à mon ordinaire ; à jouer aux échecs, à dire des nouvelles, à berner les Auteurs, & à dire du bien de moi. Et vous, que faites-vous à cette porte ? Fi, éloignons-nous de là.

M. SANS-RAISON.

Je vous avoue, que je suis curieux de voir cette diable de Parodie, que nous avons si malheureusement trouvée affichée, au moment que nous allions en finir une.

PROLOGUE.
M. SANS-RIME.

Et moi non ; le dépit qu'elle m'a fait d'avoir prévenu la nôtre, qui nous a tant coûté de peine à tous deux, m'a mis de trop mauvaise humeur : écoutez donc ; ce contre-temps-là coupe la gorge à notre Muse, au moins. Quand je vis cette affiche ! ah !...

M. SANS-RAISON.

Ah, ne m'en parlez pas ! je l'ai encore collée sur le cœur. Entrons; & allons crier, au milieu du Parterre, que ce n'est point nous qui avons fait la Pièce; tout le monde s'en ira; je suis sûr, au moins, que cela en ébranleroit une bonne partie ; car, sans vanité, nous sommes les Coryphées dans ce genre-là.

M. SANS-RIME.

Il est peu de gens de notre force; oui, pour la Critique, & le Vaudeville.

M. SANS-RAISON.

Je pense qu'on va voir de la belle besogne. Qui est l'Auteur ?

M. SANS-RIME.

Quelque étourdi, qui aura cru que deux ou trois airs de rues, en faisoient l'affaire.

M. SANS-RAISON.

Et quoi donc ? Il aura remarqué un air ennuyeux, un vers rude, une Bacchante danser une sarabande ; crac, voilà ses provisions faites : oh, par ma foi, il est habile ! eh bien, moquons-nous de cela ; le Public y perd plus que nous, & c'est ce qui me console ; au reste, Monsieur Sans-rime, soit dit sans nous fâcher, c'est votre faute, si notre Ouvrage n'a pas pris les devants.

M. SANS-RIME.

Moi ! pourquoi dites-vous cela, s'il vous plaît ?

M. SANS-RAISON.

C'est que, dès que vous avez un misérable Vaudeville à faire, c'est une pitié ; vous ne finissez point ; & cette lenteur gâtera toujours nos impromptus. Tenez, si j'étois comme vous, je ferois des Opéra-Comiques, en prose.

M.

PROLOGUE.

M. SANS-RIME.

Je conviens que vous avez plutôt fagotté un couplet que moi: mais votre discernement pour la critique, & votre jugement pour la conduite de notre Pièce, n'a pas beaucoup hâté les choses; & franchement, à votre place, je composerois toutes mes Parodies de ces seuls mots: *tourelouribo*, *lanturelu*, *faridondon*, *mirlababibobette*, *turelure*, & *sarlababibobé*.

M. SANS-RAISON.

Allons, Monsieur Sans-rime, point de bruit; nous avons trop besoin l'un de l'autre, pour nous brouiller. C'est une Parodie de perdue; songeons seulement à la venger; & pour cela, fourrons-nous dans quelque coin du Parterre, pour nous y moucher, éternuer, cracher, tousser, bâiller, avec une fureur contagieuse.

M. SANS-RIME.

Allons, je le veux bien; vos provisions de spectacle, les avez-vous?

M. SANS-RAISON.

Oui, j'ai ma lorgnette, un mouchoir, ma tabatière, & deux siflets. Il ne me manque plus qu'un billet.

M. SANS-RIME.

Il ne me manque aussi que cela. Attendons que quelque dupe vienne ici, qui nous défraie. Bon! en voici un qui s'adresse bien, ma foi!

SCENE III.
M. SANS-RIME, M. SANS-RAISON, UN CRIEUR DE LIVRES.

LE CRIEUR DE LIVRES.

LA superbe *Sémiramis!* le *Nouveau Monde!* les *Quatorze Machabées!*

M. SANS-RAISON.

Les Quatorze Machabées! que veut-il dire?

LE CRIEUR.

Oui, sept d'un Auteur, & sept d'un autre; c'est quatorze.

PROLOGUE.
M. SANS-RIME.
Voyons les derniers faits ; de qui sont-ils ?
LE CRIEUR.
Ne lisez-vous pas les affiches ?
M. SANS-RIME.
Ah ! il est vrai. Et *le Nouveau Monde* ?
M. SANS-RAISON.
Oh Diable ! cela est bien différent ; on n'en connoit pas le père ; & c'est un enfant trouvé, qui doit sa vie à l'amour. Combien le vendez-vous ?
LE CRIEUR.
Vingt-cinq sous.
M. SANS-RAISON.
Diable, vous vendez bien vos coquilles : dites donc, notre ami, voudriez-vous vous charger du débit de deux nouveaux tomes du *Théâtre de la Foire*, qui vont bientôt paroître ?
LE CRIEUR.
Vous pouvez vous adresser aux Crieurs d'almanacs, il feront votre affaire. Vous vous moquez

PROLOGUE.

bien de moi, avec vos *Théâtres de la Foire* ; de la belle drogue, ma foi !

M. SANS-RIME.

Là, là, tout doucement, je sais mieux ce qu'ils valent que vous. Ce livre est grossi de mes Œuvres ; j'en puis parler savamment & l'on ne se soucie guère de ce qu'un homme comme vous en pense.

Aussi-bien, ce n'est pas la première injustice [1],
Dont le Public aveugle a payé mon service ;
L'Imprimeur en profite, ami ; & quelque jour....

LE CRIEUR, *brusquement.*

La Beurrière en pourra profiter à son tour..

N'est-ce pas ? Oh bien, je leur en laisse le profit ; vraiment, vraiment, je n'aurois qu'à m'en charger, je gagne déjà beaucoup avec ceux-ci !

M. SANS-RAISON.

Mais aussi, vingt-cinq sous, c'est lésion de plus d'outre moitié ; n'avez-vous point de honte de........

---

1 Parodié d'ANDROMAQUE, Act. I, Sc. II.

PROLOGUE.

LE CRIEUR.

Oh, parbleu; il y a temps & lieux pour tout. Ces livres ne sont pas encore sur le Pont-Neuf; & voilà Babet qui vous dira, qu'elle vend ici bien cher, ce qu'elle donneroit-là pour un sou-neuf.

(Il s'en va).

SCÈNE IV.

UN MARQUIS, BABET, *avec un panier de bouquets, les deux* AUTEURS.

BABET, *présentant un bouquet au Marquis.*

UN petit bouquet, mon amour, que je te le mette moi-même.

(Le lui mettant dans la boutonnière).

LE MARQUIS, *lui donnant quelque argent.*

Tiens, m'Amie, es-tu contente ?

BABET.

Oui, grand-merci, mon petit poulet.

LE MARQUIS.

Tu me dis des douceurs, à cette heure, qu'il n'y a rien ici qui vaille que moi : mais quand je veux me familiariser, avec toi, devant les Petits Maîtres qui t'environnent ; tu me distingues si peu, qu'on diroit que je ne suis pas mieux fait qu'un autre. (*aux deux Auteurs*) Ah, bonjour, Messieurs Sans-rime & Sans raison. Toujours ensemble ; qui voit l'un, voit l'autre : c'est fort bien fait, &...

M. SANS-RAISON.

Vous avez les bonnes grâces de Babet, M. le Marquis, nous voyons cela.

LE MARQUIS.

Eh, mais, la petite coquine ne me veut point de mal ; qu'en dis-tu fripponne ? Hein !

BABET.

Oui, je t'aime bien, mon cœur, achette encore un bouquet.

M. SANS-RAISON.

Elle n'est pas dégoûtée ; il t'en faut Babet, des cajoleurs comme M. le Marquis ; peste !

BABET.

Oh, pour cela, il est aimable à manger. Tiens mon petit nez, veux-tu mon panier, pour un louis d'or; je te le laisserai prendre, & je te donnerai la préférence.

LE MARQUIS.

Grand-merci, grand-merci Babet ; adieu, adieu.

[*Elle s'en va, par le théâtre, donner des bouquets*].

SCÈNE V.

LE MARQUIS, *les deux* AUTEURS.

LE MARQUIS.

Entrez-vous, Messieurs ?

M. SANS-RIME.

Nous allions prendre nos billets, Monsieur & moi.

LE MARQUIS.

Ah, parbleu, puisque vous en êtes, le théâtre se passera de moi, pour aujourd'hui. Je veux être au Parterre à vos côtés ; je vous entendrai raisonner sur la Pièce, & vous me direz quand cela sera drôle ou non ; n'est-elle pas de vous ?

M. SANS-RAISON.

Non ; nous ne nous amusons plus aux Pièces nouvelles, nous nous occupons sérieusement à parodier les dix tomes de Corneille, & delà nous tâcherons de parodier Euripide & Sophocle, sur les traductions.

LE MARQUIS.

Suivant ce que vous me dites-là, nos Faiseurs de Tragédies ont ville gagnée. Attendez-moi là, mes amis ; je vais changer mon billet de théâtre contre des parterres..... (*il revient*) Mais vous me cacherez, au moins ; car si le théâtre & les loges m'alloient voir debout !

[*Il s'en va.*]

SCÈNE VI.

LES DEUX AUTEURS.

M. SANS-RIME.

Le grand fat, que ce M. le Marquis! je serois bien fâché qu'il prît place auprès de nous, s'il ne payoit pas la nôtre.

M. SANS-RAISON.

Il nous servira mieux que vous ne pensez; nos décisions vont le déterminer; c'est un hardi tousseur, qui poussera les choses jusqu'au siffler, si nous voulons; laissez, laissez faire! ah jarni! voici M. Dîne-en-ville; nous avions belle affaire de sa rencontre.

SCÈNE VII.

LES DEUX AUTEURS, M. DÎNE-EN-VILLE.

M. DÎNE-EN-VILLE.

Eh! voilà mes chers amis! que je les embrasse! Eh, donc? depuis cinq ou six jours, je ne bous trouve à nulle table; Dieu mé danne, je vous ai creus morts tous les dûs.

M. SANS-RIME.

Nous entrons à la Comédie; y venez-vous?

M. DÎNE-EN-VILLE.

Cadedis; bentre à jeûn n'a point d'oreilles.

M. SANS-RIME.

Comment! si tard, à jeûn?

M. DÎNE-EN-VILLE.

Un gros diable d'Agioteur m'avoit invité. Je me passe hier de souper; ce matin je ne déjeûne point; je me fais le bentre crûx tout exprès: je viens à midi ; bisage de vois. Les voisins me disent que M. l'Agioteur est allé dîner au Châtelet. Ne suis-je pas bien malheureux! Je crois qu'il s'est fait emprisonner, pour me faire mourir de faim.

M. SANS-RAISON.

Vraiment, le pauvre Diable est bien plus à plaindre que toi.

M. DÎNE-EN-VILLE.

Mordi, je voudrois qu'il fût pendu, & qu'on ne l'eût arrêté qu'au dessert. Si j'entrois pourtant à la Comédie, je trouverois peut-être quelque Seigneur, qui seroit heureux de m'avoir à souper ; me la veux-tu payer?

M. SANS-RAISON.

Ma foi, nous ne sommes point Gascons ; il faut te dire la vérité ; nous avons la bourse, comme tu as le ventre. Un Marquis, de nos amis, nous en fait la galanterie. Tiens, voilà le Portier de la Comédie ; demande-lui s'il veut te laisser entrer.

SCÈNE VIII.
LES DEUX AUTEURS, M. DÎNE-EN-VILLE, LE PORTIER.

Le Portier.

Entrez, plutôt que plus tard [1] !
L'on a mouché la chandelle ;
Entrez, plutôt que plus tard !
Venez, Pierrot vous appelle ;
Nous plaçons tout au hasard :
Gens de rien & de remarque.
Ici l'on a moins d'égard
Au mérite qu'à la marque.
Entrez, plutôt que plus tard !
L'on a mouché la chandelle ;
Entrez, plutôt que plus tard !
Venez, Pierrot vous appelle.
Si vous voulez entrer, venez, siffleurs bruyans,
Venez, Anes errans,
Et Critiques sans nombre,

---

[1] Parodié d'Alceste, Acte IV, Sc. I.

PROLOGUE.

Payez le tribut que je prends,
Ou retournez causer au fond d'un café sombre!

Ici le Marquis rentre, qui donne un billet à chacun des Auteurs, &,

TOUS QUATRE ENSEMBLE:

Laisse-moi passer! laisse-moi!

LE PORTIER.

Donne, passe! donne, passe! donne, passe!

[*Au Gascon.*]

Demeure, toi ;
Tu n'as rien, il faut qu'on te chasse!

DÎNE-EN-VILLE.

A jeûn, l'on tient si peu de place!

LE PORTIER.

Ou paye, ou tourne ailleurs tes pas.

DÎNE-EN-VILLE.

Hélas! de grâce, ami, ne me révute pas!

LE PORTIER.

Je n'ai d'amis que les ducats ;
Un Portier ne fait point de grâce.

PROLOGUE.

DINE-EN-VILLE.

Hélas, Cousis! hélas! hélas!

LE PORTIER.

Crie hélas, tant que tu voudras!
Rien pour rien, en tous lieux, est une loi suivie;
Les mains vuides sont sans appas,
Et, sur-tout, à la porte d'une Comédie.

(Le Gascon s'en va.)

Tu le devois savoir; Cousis, adiucias.
Venez tous! nargue du tragique [1]
Le seul comique
Sait égayer.
Au Sommeil l'Opéra nous livre;
Qui le veut suivre,
Veut s'ennuyer;
Et, malgré ses divins accords,
Dans son tragique empire,
L'ennui paroît pire,
Que dans le séjour des morts.

---

1 Même Acte, Sc. III.

PROLOGUE.

Ici, ce n'est que jeu, qu'alégresse,
L'on y rit sans cesse,
Jamais l'on n'y dort.
Là, par-tout règne un froid extrême,
Les Bacchantes même,
Sont sans transport.
L'Acteur braille ;
L'Auditeur bâille ;
La moitié raille,
Et l'autre sort.
Ici, l'on se mouche, l'on renifle,
Quelquefois l'on sifle ;
Jamais l'on n'y dort.

Fin du Prologue.

PERSONNAGES.

TÉRÉE, *Roi de Thessalie.*

PROGNÉ, *Femme de Térée, Sœur de Philomèle.*

PHILOMÈLE, *Sœur de Progné.*

ATHAMAS, *Amant de Philomèle.*

ARCAS, *Confident de Térée.*

ÉLIZE, *Confidente de Progné.*

MINERVE.

TROUPE DE PLAISIRS.

TROUPE D'ATHÉNIENS.

GARDES.

TROUPE DE BACCHANTES.

TROUPE DE GÉNIES, *en Matelots.*

LE PEUPLE.

La Scène est dans une Salle du Palais de Térée, qui est sur le bord de la mer.

PHILOMÈLE,

PHILOMÈLE,
PARODIE
EN TROIS ACTES.

ACTE PREMIER.

Le Théâtre représente une Salle du Palais de Térée.

SCÈNE PREMIÈRE.
PROGNÉ, ÉLISE.
ÉLISE.

Air : *Les Rats.*

LA saison est belle
Pour l'embarquement :
Demain Philomèle
Mettra voile au vent.
Votre cœur soupire,
Et pousse un hélas !
Il a pourtant ce qu'il desire.

Vos yeux de la voir étoient las.
Ah! ce sont vos rats,
Qui font que vous ne pouvez rire;
Ah! ce sont vos rats,
Qui font que vous ne riez pas.

PROGNÉ.

Quoi, ma chère Confidente; depuis le temps que tu es à moi, je ne t'ai pas encore appris que le Roi est amoureux de ma sœur, & qu'il l'empêchera de partir?

ÉLISE.

Non, Madame; en voilà la première nouvelle.

PROGNÉ.

Je ne sais donc comment cela s'est fait.

ÉLISE.

Bon! & n'est-ce pas la coutume de vous autres Reines de Tragédies, de ne nous confier vos secrets, que lorsque vous voulez que tout le monde les sache? Nos oreilles sont comme une sarbacanne, à travers laquelle vous les annoncez au Public. Vous dites donc que le Roi veut s'opposer au départ de Philomèle?

PARODIE.
PROGNÉ.
Oui, ma chère Alison ; voilà le sujet de mes alarmes.
ÉLISE.
Ne craignez rien : vraiment, vraiment, si l'on vouloit s'y opposer, le Prince Athamas, son amant, n'entendroit point raillerie, & je crois qu'il feroit un beau fracas.
PROGNÉ.
Oui ; c'est encore un vaillant champion, que ton Prince Athamas; un Benêt, qui pleurera, qui criera, & puis voilà tout. Et moi je découcherai toujours, à bon compte, pendant ce temps-là.

Air : *Dedans nos bois il y a un Hermite.*

Perfide Époux, tendresse trop fatale !

Ma Sœur ! ma chère Sœur !

Avec plaisir seriez-vous ma rivale ?

J'en tremble de frayeur !

Le Roi la flaire ; & c'est un maître Sire.

Je ne sais qu'en dire,

Moi,

Je ne sais qu'en dire.

ÉLISE.

Ho! ho! Madame; conscience! qu'osez-vous dire là? Qui ne connoîtroit Mademoiselle votre Sœur....

PROGNÉ.

Mon Dieu, je la connois mieux que personne; Philomèle est une doucette, qui, au fond, me ressemble trop, pour que je m'y fie.

Air : *Ma mère étoit bien obligeante.*

Je suis, comme on voit, bien fringante,
Mais ma Sœur l'est encore plus.

Vous ne savez pas, tous tant que vous êtes, qu'elle avoit si bien empaumé l'esprit de mon père, que, toute ma cadette qu'elle est, elle auroit épousé Térée, & m'auroit laissé fille, sans ma mère [1], qui prit mon parti, & fit valoir mes droits. Je m'en souviens bien.

ÉLISE.

Voyez un peu, la petite éveillée! qui est-ce qui auroit pensé cela d'elle?

---

[1] Paroles de l'Opéra.

PARODIE.

PROGNÉ.

Vraiment, c'est le reproche que me fait continuellement Térée : sans la rage que vous avez eue d'être ma femme, je serois à présent votre beau-frère. Mais, le voici.

Air : *De tous les Capucins du monde.*

Voyez sur sa femme éperdue,
S'il tourne seulement la vue ?

SCÈNE II.

TÉRÉE, PROGNÉ, ÉLISE.

PROGNÉ, *continue, en s'adressant au Roi.*

Vous ne me cherchiez pas, je crois.

TÉRÉE.

Vous l'avez deviné, Madame ;
Vous l'avez bien trouvé, ma foi,
Votre sot qui cherche sa femme.

Oh, je suis un drôle, moi, qui ne m'embarrasse ni des bienséances, ni de la politesse. J'aime fort mes aises. Où est votre sœur ?

PROGNÉ.

Si j'étois fille unique, vous seriez bien désœuvré : ma sœur ! ma sœur ! que lui voulez-vous tant, à cette sœur ?

TÉRÉE.

Comme elle va partir, je venois pour lui dire adieu, & lui donner le baiser de l'étrier.

PROGNÉ.

Nous le lui donnerons bien sans vous. (*à part, en s'en allant.*) Le vilain homme !

SCÈNE III.
TÉRÉE, *seul.*

La sotte femme !

Air : *Vous ne m'aimez plus, Lisette, &c.*

    Vous-en-irez-vous, Princesse ?
Non, non, non, ne nous quittez pas :
Vous avez toute ma tendresse,
Que diable iriez-vous faire en Grece ?
Non, non, non, vous n'y songez pas :

PARODIE.

Demeurez ici, Princesse ;
Non, non, non, ne nous quittez pas.
(*Voyant entrer les Athéniens, il dit, tout étonné.*)
A qui en veulent ces gens-ci ?

SCÈNE IV.
TÉRÉE.

Entrée d'Athéniens.

UN ATHÉNIEN, *après la danse.*

Air : *Ma pinte & ma mie, o gué.*

Enfin nous pouvons pousser
Des cris d'alégresse :
Athamas va repasser
Philomèle en Grèce.

CHŒUR.

Chantons, rions, dansons tous,
Clabaudons comme des fous,
Vive la Princesse, o gué,
Vive la Princesse !

TÉRÉE.

De quoi diable s'avisent ces malotrus-là de venir ici danser devant moi, quand j'enrage ?

Le même ATHÉNIEN.

La friponne a des appas,
Et n'est point tigresse.
Et si quelqu'un sur ses pas,
Vainement s'empresse ;

LE CHŒUR.

C'est qu'il a les cheveux gris ;
Car, pour aimer un beau fils,
Vive la Princesse, o gué,
Vive la Princesse !

TÉRÉE.

Air : *Mordienne de vous, quelle femme, &c.*

Décampez d'ici,
Chantres de village !
Faut-il rire ainsi,
Des gens de mon âge ?
Mordienne des fous !
J'enrage, j'enrage !

PARODIE.

Le concert est doux,
Pour un cœur jaloux !
J'entends le moulin tique, tique, tac.
Mais, je vois la Princesse entrer. *bis.*
Il faut enfin me déclarer.
Hélas, mon Dieu ! le courage me faut !
Ah ! je sens mon cœur tique, tique, tac ;
Ah ! je sens mon cœur taqueter.

SCÈNE V.
TÉRÉE, PHILOMÈLE.

PHILOMÈLE.

Air, *Adieu le Pont-Neuf.*

Puisque vous voici,
Adieu mon beau-frère,
Enfin, Dieu merci,
Je vais voir mon Père,
Taritatatatari, &c.

TÉRÉE.

D'abord leur Père en jeu ; voilà le jargon de

toutes ces bonnes Princesses-là. Je voudrois qu'on fût plus sincère; dites la vérité : dès que vous serez en Grèce on vous mariera ; voilà ce qui vous met de belle humeur, plutôt que les embrassemens d'un Père.

PHILOMÈLE.

Mais écoutez donc, vous n'êtes pas bien loin du but. Entre nous, puisqu'il faut vous parler franchement, quand j'aurois l'envie de me marier, aurois-je si grand tort, & ne seriez vous pas le premier à me le conseiller ?

Air : *Lonlanla derirette, lonlanla deriri.*

Pour me débarrasser, Seigneur,
De la garde de mon bonneur,
Lonlanla derirette,
J'en veux charger vîte un mari,
Lonlanla deriri.

TÉRÉE.

Air : *Ma Commère, quand je danse.*

Fi, fi, fi, fi, Philomèle,
L'Hymen est un triste état ;

PARODIE.

Vive le cœur d'une Belle,
Qui garde le célibat :
Il va deçà,
Il va delà,
Il va deçà, va delà, va deçà.

PHILOMÈLE.

Rien ne prive un cœur fémelle
De ce privilége là.

TÉRÉE.

Air : *Je n'saurois.*

Mais du moins rien ne vous presse,
L'on y vient toujours à temps ;
Je vous conjure, Princesse,
D'attendre encore quelque temps.

PHILOMÈLE.

Je n'saurois,
Je n'en suis pas la Maîtresse ;
J'en mourrois.

TÉRÉE, *déclamant sans chanter.*

Si ce sont là les seules causes
De ce départ qui va m'accabler de chagrin,

Ne vous mettez pas en chemin :
Pourquoi chercher si loin les choses,
Quand on les trouve sous sa main ?
Demeurez, aimable Princesse !
Je brûle encore pour vous de mon ancienne ardeur.
Si vous avez jadis raté ma main en Grèce,
Vous n'avez pas raté mon cœur.

Il est encore à vous.

PHILOMÈLE.

Votre cœur ?

TÉRÉE.

Oui, mignonne, & . . . . .

PHILOMÈLE.

Air : *Arrêtez-vous donc, fi donc, Monsieur, laissez ça là.*

Ah, taisez-vous donc ! fi donc, Monsieur, en vérité,
Vous avez donc le cerveau démonté.

TÉRÉE.

Air : *Hélas c'est bien ma faute.*

Je vous aime de tout mon cœur . . . . .

PARODIE.

PHILOMÈLE.

Tant-pis. Et la Reine, Seigneur?
Vous nous la donnez belle,
C'est votre femme, & c'est ma sœur.

TÉRÉE.

La belle bagatelle, lonla,
La belle bagatelle !

Elle est un peu ma femme, si vous voulez ; parce que je l'ai épousée : mais entre nous, je ne l'épousai que pour rire ; le Diable m'emporte si ce n'étoit à vous que j'en voulois tout de bon.

PHILOMÈLE.

Ho bien, Monsieur l'épouseur pour rire, je veux me marier tout de bon, moi, entendez-vous?

TÉRÉE.

Conclusion, pourtant, vous ne partirez pas; c'est tout ce que je puis vous dire, adieu.

SCÈNE VI.

PHILOMÈLE, *seule*.

AH! ah! voici bien du rabat joie!

Air : Adieu, Paniers.

Toutes vos besognes sont prêtes;
Mais pour le coup, mon pauvre Amant,
Nous pouvons dire maintenant,
Adieu Paniers, vendanges sont faites.

SCÈNE VII.

ATHAMAS, PHILOMÈLE.

ATHAMAS.

Air : Nicolas va voir Jeanne.

J'EMBALLE tout, Princesse,
Pour retourner chez nous;
Je vais, je viens sans cesse,
Pour faire un apprêt si doux.

PARODIE.

PHILOMÈLE.

Vous y perdez vos pas,
Athamas;
Sont tous pas perdus pour vous.

ATHAMAS.

Comment donc perdus ? Oh que nenni! je prétends bien que demain tout soit prêt; vous & moi nous monterons sur le plus beau vaisseau de la flotte; & puis, fouette cocher, nous voilà partis.

PHILOMÈLE.

Tu crois que cela va comme ta tête; tu n'y es pas.

Air : *Lampons, Lampons.*

Si je te disois, Nigaud,   *bis.*
Qu'un puissant rival tantôt.   *bis.*
Doit venir, sans qu'on le sache,
M'enlever sous ta moustache.

ATHAMAS.

Chanson ! chanson !

PHILOMÈLE.

Je te parle tout de bon.
Que diras-tu, quand tu verras cela ?

ATHAMAS.

Si cela arrivoit, ce que je ferois, moi ? Oh ! ne vous mettez pas en peine.

Air : Dupont, mon ami.

Je me mocquerois
De toute une armée,
Et je tirerois
D'abord mon épée ;
Oh, dame ! vous croyez donc,
Je suis un mauvais garçon,

PHILOMÈLE.

Je le crois. Mais pourtant un autre, sans s'amuser à faire le brave, s'empresseroit de connoître son rival, & en auroit déjà voulu savoir le nom. Tu n'es guères curieux, franchement.

ATHAMAS.

Qu'on t'enlève seulement, laisse faire ! je saurai bientôt

PARODIE.

bientôt qui m'aura joué le tour; il sera pour lors assez temps d'être en colère.

PHILOMÈLE.

Tu as donc bien peur de t'y mettre; oh bien, pour moi, je veux t'y voir; & bongré, malgré, tu sauras que c'est Térée qui est ton rival.

ATHAMAS.

Térée! ouidà? voilà qui est bien mal à lui! Eh bien? Voulez-vous que je l'aille tuer à cette heure? Allons.

PHILOMÈLE.

Air: *Dupont, mon ami.*

Non, cher Athamas,
Retiens ton courage!
Le Roi ne sait pas
Notre tripotage,
Et si tu le mets à mort,
Il s'en doutera d'abord.

ATHAMAS.

Air: *On dit que vous aimez les fleurs.*

Eh, non, non, laissez-moi du moins

Tome V. F f

Lui couper les oreilles,
Lui couper les
Lui couper les
Lui couper les oreilles.

PHILOMÈLE.

Prends-le sur un ton plus doux, crois-moi ; imite les Héros du temps, mettons-nous en prières, & invoquons Minerve, qu'en dis-tu ?

ATHAMAS.

Volontiers, invoquons Minerve ; car assurément c'est malgré elle que tout ceci se fait.

Air : *Ramonez-ci, ramonez-là.*

Apportez-nous un remède,
Et de l'Olympe à notre aide,
Descendez, sage Pallas ! ah ! ah ! ah !
Degringolez du haut en bas.

(*On jouera un air vif & trivial.*)

De la sagesse ici la Déesse s'avance,
De si graves concerts annoncent sa présence.

SCÈNE VIII.

MINERVE, dans un nuage, sur un gros hibou.

ATHAMAS, PHILOMÈLE.

ATHAMAS.

La voilà montée sur un oiseau de mauvais augure ; il ne manqueroit plus que son ramage à notre musique.

MINERVE.

Air : *Dérouillez, dérouillez, ma Commère.*

  Trousse ton, trousse ton équipage ;
  Malgré le Tyran qui te poursuit,
  Philomèle, avant qu'il soit nuit,
Tu seras, tu seras, prends courage,
Tu seras, tu seras, loin d'ici.

PHILOMÈLE.

Air : *Le carillon de Nantes.*

Bon, bon, bon ! grand-merci.

ATHAMAS.

Et moi resterai-je ici
Pour gage, pour gage ?

MINERVE.

Oh, que diable, vas y voir, je ne saurois savoir tout.

Air : *De mon pot je vous en réponds.*

De Philomèle, je réponds ;
Mais d'Athamas, non, non.

ATHAMAS.

C'est-à-dire que... cela veut dire.... que cela ne veut rien dire qui vaille pour moi, n'est-ce pas ? là, parlez nettement.

MINERVE.

Puisqu'il faut tout dire ; tiens, mon pauvre ami, tu payeras les pots cassés de tout ceci ; & je crois même que tu auras bien de la peine à aller jusqu'à la moitié de la Pièce.

ATHAMAS, *à part.*

Tenez, voyez ma ladre de Maîtresse, si elle

me fera le moindre compliment de condoléance.

PHILOMÈLE.

Que dis-tu ?

ATHAMAS.

Je dis qu'il n'importe pas, & que pourvu que vous soyez bien aise, quand je serai mort, je vivrai content.

MINERVE.

Tiens, pour te préparer à la mort, regarde danser les Plaisirs que j'ai amenés, à ma suite, tout exprès pour cela.

ATHAMAS.

Voilà qui est digne de Minerve, & sagement imaginé. Ma foi, des Plaisirs & de la danse, à qui va mourir, fort bien. On ne manquera pas de me donner les violons quand je serai mort.

SCÈNE IX.

MINERVE, *toujours en l'air dans son nuage, où elle s'endort.*

ATHAMAS, PHILOMÈLE, Troupe de PLAISIRS.

UN PLAISIR, *après la contredanse.*

Air : *Colin la la la, Colin l'a baisée.*

Amans, craignez une paix
Trop douce & trop pure ;
Puissiez-vous n'être jamais
Sans malaventure !
C'est un plaisir de pleurer,
Et de se désespérer ;

CHŒUR.

L'Opéra la la la la,
L'Opéra la la la la,
L'Opéra l'assure.

ATHAMAS.

Que cela est consolant ! cela l'est tout-à-fait, en vérité.

PARODIE.

Le même PLAISIR.

Même air.

L'Opéra, certe, a raison;
Une jeune folle,
Pour donner de l'éguillon,
Souvent se désole;
Et, feignant quelques malheurs,
Se plaît à verser des pleurs,

CHŒUR.

Pour qu'on la la la la,
Pour qu'on la la la la,
Pour qu'on la console.

ATHAMAS.

Mais, que faites-vous donc là-haut, Madame Minerve? votre nuage est-il cloué? Je crois, que vous vous endormez en l'air.

MINERVE.

Les Danses & les Chansons des Plaisirs m'avoient assoupie: oh, ce n'est pas la première fois que les Plaisirs ont endormi la Sagesse.

[*Elle s'en va.*]

ATHAMAS.

Ma foi, c'est que les Plaisirs de sa suite sont bien ennuyeux. Adieu, ma chère Princesse. Dites-moi donc quelque chose ; n'êtes-vous pas plus touchée que cela du malheur qui m'attend ?

J'ai le pied dans le margouillis [1].

PHILOMÈLE.

Tire-t'en, tire-t'en, tire-t'en Piarre.

ATHAMAS.

J'ai le pied dans le margouillis.

PHILOMÈLE.

Tire-t'en Piarre si tu puis.

---

1 Ce refrain est une critique, qui m'a paru assez heureuse, pour exprimer l'étrange indifférence de la Princesse, sur le sort d'un Amant qui lui paroît si cher, & que Minerve a menacé d'un malheur prochain. Il semble, dans l'Opéra, que le bonheur qu'elle aura d'en échapper, la console de la perte du Prince qui doit y périr.

Fin du premier Acte.

ACTE II.

SCÈNE PREMIÈRE.

Le Théâtre représente le parvis du Temple de l'Hymen.

TÉRÉE, ARCAS.

ARCAS.

Air : Lanturelu.

VOTRE noce est prête ;
D'où vient ce chagrin ?
Qui donc vous arrête
En si beau chemin ?
Seriez-vous si bête
Que d'avoir de la vertu ?

TÉRÉE.

Lanturelu, lanturelu, lanturelu.

De la vertu ! ce n'est pas là mon foible ; je me moque de la foudre, & de tous les diables : mais je crains quelque chose de pis que tout cela.

ARCAS.

Et qu'est-ce que c'est donc ?

TÉRÉE.

Ma femme. Je t'avoue que le bruit qu'elle va faire, me fait déjà peur. Il est encore temps de reculer ; dis-moi, en bonne foi, que me conseilles-tu ?

ARCAS.

Air : *Les Fraises.*

La crainte, à l'amour d'un Roi,
Devroit-elle être jointe ?
A votre place, ma foi,
Je pousserois toujours, moi,
Ma pointe, ma pointe, ma pointe.
Eh, ventrebleu, il est bien temps de barguigner.

Air : *Flon, flon.*

Seigneur, chassez, sans honte,
Progné, de la maison ;

PARODIE.

Et toujours, à bon compte,
Qu'on en médise ou non,
Flon, flon, larira dondaine, flon, &c.

TÉRÉE.

Air : *La Tampone.*

Ta morale,
Ta morale,
Est un peu sale,

ARCAS.

Seigneur, je vous parle là, a, a, a, a, a, a.
En confident d'Opéra, a, a, a, a.

TÉRÉE.

Mais cela ne me déplaît point : ton avis est fort de mon goût ; il faut que tu m'aides à le suivre : vas toi-même faire embarquer ma femme ; que je n'entende plus parler d'elle ; ah ! la voici, elle m'aura entendu !

SCÈNE II.

TÉRÉE, PROGNÉ, ARCAS.

PROGNÉ.

Que je n'entende plus parler d'elle ! traître !

Air : *Les Trembleurs.*

Je savois bien, vilain masque,
Que ton chien de cœur fantasque,
Me préparoit cette frasque ;
L'honnête-homme que voilà !
Crains pour ton visage flasque,
Quelque terrible bourrasque,
Et que je ne te démasque,
Avec ces dix ongles là.

[*En lui montrant les griffes.*]

TÉRÉE.

Air : *G'nia pas d'mal à ça.*

D'où vient un vacarme
Comme celui-là ?

PARODIE.

Votre sœur me charme,
Je vous plante là :
G'nia pas d'mal à çà. (trois fois.)

PROGNÉ.

Eh non ! g'nia pas d'mal à çà, non !

Air : *Pierre Bagnolet.*

Dans la colère qui m'enflamme,
Je ne sais qui retient mon bras.
Mais voyez un peu cet infâme,
Tenez, il ne rougira pas;

[*En pleurant.*]

Double Judas !

Double Judas !

Ne tient-il pour quitter sa femme,
Qu'à dire que l'on en est las.

TÉRÉE, *en s'en allant.*

Oh dame ! si vous voulez vous fâcher, je m'en vais.

PROGNÉ, *l'arrêtant.*

Air : *J'ai du mirliton.*

Suis-je donc si déchirée
Pour faire un cœur inconstant ?

PHILOMÈLE,

Vous me méprisez, Térée,
Il me semble que pourtant,

(*En minaudant.*)

J'ai du mirliton, mirliton, mirlitaine,
J'ai du mirliton, dondon.

Air : *Amis, sans regretter Paris.*

Mille charmes ornent mon corps,
Tu ne les vois pas, traître?

TÉRÉE.

Cessez d'être ma femme ; alors,
Je les verrai peut-être.

PROGNÉ.

Air : *Les Feuillantines.*

Ce mépris qui me confond,
Sur mon front,
Met un éternel affront.
Mais le tien n'en est pas quitte ;
Il aura, [*bis*] ce qu'il mérite.

Philomèle ne haït pas,
Athamas :

PARODIE.

Quelque jour tu la verras,
Vengeant ma flamme crédule,
Te planter (*bis*) là, sans scrupule.

TÉRÉE, *furieux.*

Elle est amoureuse d'Athamas !

Air : *Voici les Dragons qui viennent.*

Qu'entends-je ? Quoi la cruelle.....
J'étranglerai tout ?
Athamas & Philomèle,
Et vous peut-être avec elle,
Et moi itou, & moi itou.

SCÈNE III.
PROGNÉ, ÉLISE.

PROGNÉ.

Air : *Un petit moment plus tard.*

MALHEUREUSE, en ma faveur,
Ah ! que ne me suis-je tuée ?
J'ai trahi ma pauvre sœur ;
Elle est ! elle est perdue !

ÉLISE.

Ah! ne vous embarrassez pas; Minerve en prend soin; je ne sais pourquoi elle n'en prend pas également de vous, il ne lui en auroit pas plus coûté. En tout cas,

Air : *Dans nos bois, Il y a un Hermite.*

Ne craignez rien, nous sommes deux Commères,
Votre Cléone & moi,
A vous prêter des secours peu vulgaires,
Comptez sur notre foi;
D'Hymen elle est la Prêtresse ordinaire,
Et je suis sorcière,
Moi,
Et je suis sorcière.

PROGNÉ.

Eh bien! je me repose donc sur vous deux.

ÉLISE.

Venez seulement : je vous promets de sa part, le secours des Dieux; & de la mienne, celui des Diables. Vous ne pouviez être en meilleures mains.

SCÈNE

SCÈNE IV.

TÉRÉE, ATHAMAS, *désarmé*, ARCAS, GARDES.

ATHAMAS.

JE veux ravoir mon épée, moi! rendez-moi mon épée! mon beau chapeau, du moins.

TÉRÉE.

Oh ça, mon ami, écoute, il y a bien d'autres nouvelles. Es-tu las de vivre ?

ATHAMAS.

Je me lasserois de bonne heure : eh! je ne suis encore qu'un enfant.

TÉRÉE.

Eh bien, tu es mort, si tu ne fais ce que je vais te dire.

ATHAMAS.

Mais aussi, si cela est si difficile....

TÉRÉE.

Non, il n'est rien de plus aisé : étrille-moi

Philomèle d'importance ! injurie-la ! appelle-la laidron ! soufflette-la ; en un mot, attire toi sa colère & son mépris ! entends-tu ? Sinon, point de quartier !

ATHAMAS.

Eh fi ! c'est une vieille finesse d'Auteurs de Roman & de Tragédie, qui n'a jamais servi de rien ; tout le monde sait cela.

TÉRÉE.

Oh bien, morbleu ! cette fois-ci, elle servira de quelque chose, ou bien : Gardes ! . . . . .

[*Il tirent leurs sabres.*]

ATHAMAS.

Eh, non, non, patience ! attendez que je songe... [*il rêve.*] Eh fi, fi, au Diable ! un soufflet ! laidron ! à ma chère petite Princesse, qui m'aime tant ! (*aux Gardes.*) Allons, allons, Messieurs les Gardes, prenez la peine de me tuer, s'il vous plaît . . . . . (*ils s'approchent.*) Attendez, attendez, pourtant ! encore un moment de réflexion.

TÉRÉE.

Tâche à te raviser !

PARODIE.

ATHAMAS, *après avoir encore un peu rêvé.*

Un soufflet ! si je ne lui donnois qu'un coup de pied dans le ventre, dites ; & qu'au lieu de laidron, je l'appelasse carogne.

TÉRÉE.

Fais & dis ce qu'il te plaira ; force la seulement à te haïr, & à te mépriser ; c'est tout ce que je veux.

ATHAMAS, *ayant rêvé.*

Non mordienne, non ! je n'en ferai rien ; je veux qu'elle m'aime, puisqu'elle m'aime ; & je veux mourir, pour te faire enrager ; Gardes, à moi ! tu vas être bien attrapé, vas. Allons, qu'on me tue.

TÉRÉE.

Et moi, pour te faire enrager, je veux que tu vives ; & ce sera la Princesse qui mourra.

Air : *J'ai le pied dans le margouillis.*

Si par force ou par douceur,
Je ne la, je ne la, je ne la touche,
Si par force ou par douceur,
Je ne la touche en ma faveur.

SCÈNE V.

ATHAMAS, *seul.*

OH Diable! c'est une autre affaire, ceci.

Air : *Vous me l'avez dit, souvenez-vous en.*

Ah, ne vous exposez pas,
Belle Princesse, au trépas ;
Et dussé-je m'embrocher,
Laissez-vous plutôt, laissez-vous plutôt,
Et dussé-je m'embrocher,
Laissez-vous plutôt toucher.

SCÈNE VI.

ATHAMAS, PHILOMÈLE.

PHILOMÈLE, *sautant & dansant.*

Air : *Blaise revenant des champs.*

JE vous revois donc, hélas,
    Cher Athamas.   *bis.*
D'aise je ne m'en sens pas ;
    Ma langue bredouille,
    Tout mon sang tribouille.

PARODIE.

ATHAMAS, *à part.*

Oui, oui, chante, chante, il y a bien de quoi ; nos affaires sont en bon train pour cela !

PHILOMÈLE.

Air : *Ne m'entendez-vous pas.*

Je vous aime, Athamas ;
Nous voici tête-à-tête,
Personne ne nous guette,
Je soupire tout bas :
Ne m'entendez-vous pas ?

ATHAMAS.

J'ai grande envie de rire, ma foi, pour vous entendre.

Air : *Ce sont les Filles de Paris.*

Je touche à mes derniers instants.
N'est-ce pas bien prendre son temps,
Pour me venir entretenir,
Sur le ritantalalera,
Sur le ritantaleri ?

Allez, m'Amie, allez dire cela au Roi. Il y répondra, allez ; c'est moi qui vous en prie.

PHILOMÈLE.

Vous êtes un rival bien commode ; comment vous.....

ATHAMAS.

Hélas, ma pauvre Maîtresse, il a dit comme cela, qu'il vous tueroit, si vous ne l'aimiez ; il faudroit que vous fussiez bien insensible & bien ingrate, après cela, pour n'en rien faire.

PHILOMÈLE.

Oh bien, tenez, j'aime mieux qu'il me tue ; car vous mourriez, n'est-ce pas ? si je l'épousois.

ATHAMAS.

Si je mourrois ? Je vous en réponds ; mais il n'y auroit pas si grande perte. Croyez-moi.

Air : *Marotte fait bien la fière.*

Vivez, vivez, Philomèle !

PHILOMÈLE.

Vivez, vous-même, Athamas !

ATHAMAS.

Vous vivrez, la Belle !

PARODIE.

PHILOMÈLE.

Je mourrai fidèle !

ATHAMAS.

Oh, vous vivrez !

PHILOMÈLE.

Je ne vivrai pas.

ATHAMAS.

Vivez, vivez, Philomèle.

PHILOMÈLE.

Vivez, vous-même, Athamas.

TOUS DEUX ENSEMBLE.

Air : *Non, non, je ne veux pas rire.*

Non, non, je ne veux pas vivre,
Non, non, je ne veux pas vivre, non :
Non, non, je ne veux pas vivre.

ATHAMAS.

Quelle opiniâtreté ! [*à part*] Mais si je lui donnois cinq ou six bonnes taloches, pour me faire haïr ; elle ne voudroit peut-être plus mourir, pour l'amour de moi. Battons-la par générosité.....

Il s'approche, &c...... Il n'y a pas moyen. Oh ça, Madame, abrégeons la dispute ; je vous dis encore un coup, que je veux mourir, moi ; entendez-vous? Je le veux.

Air : *Dansons le nouveau Cotillon.*

Oui, je veux mourir, je le doi.

PHILOMÈLE.

Non, mon cher ami, ce ne sera pas toi.

ATHAMAS.

Morbleu, ce sera moi, vous dis-je.

PHILOMÈLE.

Non, ce sera moi.

TOUS DEUX ENSEMBLE.

Ce sera moi !
Ce sera moi !

ATHAMAS.

Je mourrai pour vous, je le doi.

PHILIMÈLE.

Non, mon cher ami, ce ne sera pas toi.

[*Des Gardes viennent, & l'emmènent.*]

PARODIE.

ATHAMAS.

Air : *Nannon dormoit.*

Si fait ma foi !
Voici qu'on me vient prendre,
De par le Roi.
Mon rôle eût dû s'étendre
Un peu plus loin, je croi.
Adieu, adieu, finissez la Pièce sans moi.

SCÈNE VII.
PHILOMÈLE, *seule.*

Malheureux Athamas, j'avois mes raisons pour vouloir mourir plutôt que toi ; si tu meurs une fois, tu n'en mourras pas deux, comme Philomèle, qui a un secret tout particulier pour cela.... Mais ne voilà-t-il pas mon vieux fou ?

SCÈNE VIII.

TÉRÉE, PHILOMÈLE, GARDES.

TÉRÉE.

Air : Quand je vais à la chasse.

Qu'au Peuple dans la halle,
On prépare un festin :
Je veux qu'on l'y régale,
De cent tonnes de vin ;
Et qu'avec une pompe
Digne de mon amour,
A son de trom, trom, trom, trom, trompe,
L'on célèbre ce jour.

UN SUISSE.

Air : Du haut en bas.

Viffe le Roi !
Moi sentir mon soif qui s'éfeille !
Viffe le Roi !
Lictre ein pon Carsonne, mon foi !

PARODIE.

Payir à son Péple ein pouteille,
Lui savre régnir à merveille.
Viffe le Roi!

TÉRÉE, *à Philomèle.*

Air : *Allons gai, d'un air gai.*

Venez de bonne grâce
Me donner votre main ;
Ça, ça, point de grimace :
Vous pleurerez demain.
Allons gai, d'un air gai, &c.

PHILOMÈLE.

Air : *Vraiment, ma Commère voire.*

Grands Dieux! ai-je bien ouï ?

TÉRÉE.

Vraiment ma Commère ouï!

PHILOMÈLE.

Mais votre honneur & ma gloire ?

TÉRÉE.

Vraiment, ma Commère, voire!
Vraiment, ma Commère, ouï!

Eh, ne faites pas tant la sucrée; nous savons de vos nouvelles. Gardes, qu'on aille tuer Athamas.

PHILOMÈLE.

Eh non, non, Seigneur, je suis prête à faire tout ce qu'on voudra.

Air : *Ma Fille, je vous aime bien.*

Prenez ma main, prenez ma foi,
Prenez mon cœur, & prenez-moi,
Prenez tout, là, j'y souscrirai :
   Mais du moins l'affaire faite,
   Aussi-tôt je mourrai.

Je vous en avertis, & pas plus tard que demain matin. Voyez si cela vous accommode.

TÉRÉE.

Air : *Dondaine, dondaine.*

Alors comme alors, je verrai.   *bis.*
En attendant, bon gré, mal gré,
   Dondaine, dondaine,
   Je vous épouserai,
   Ribon, ribaine.

[*Il ouvre le Temple, le tonnerre gronde; la Statue de l'Hymen, soutenue par deux Amours, s'envole.*]

SCÈNE IX.
TÉRÉE, PHILOMÈLE, UNE VOIX, PROGNÉ.

LA VOIX.

Air : *O reguingué, ô lonlanla.*

Roi téméraire! cache-toi ! *bis.*

TÉRÉE.

Moi! que je me cache ! Eh pourquoi ?
O reguingué, ô lonlanla.

LA VOIX.

Où diable as-tu mis ta cervelle,
Pour traiter si mal Philomèle ?

[*Le tonnerre redouble, & il sort un Monstre du Temple qui poursuit Térée.*]

TÉRÉE.

Air : *Les Filles de Montpellier.*

Ah! le Ciel est en courroux ;
Ce bruit menace ma tête !
Je suis perdu ! sauvons-nous !
Grands Dieux! la vilaine bête!

Ahi, ahi, ahi, ahi, ahi,
Ahi, ahi, ahi, ahi, ahi, arrête!
Arrête, ahi, ahi!

PROGNÉ, *sortant, un poignard à la main.*

Air : *La faridondaine, la faridondon.*

Traître, dans ton sang odieux
 Mon courroux va s'éteindre!
De tous les monstres à tes yeux,
 Je suis le plus à craindre.

TÉRÉE.

Madame, vous avez raison,
La faridondaine, la faridondon.

PROGNÉ.

Ah! tu veux donc être un mari,
 Biribi,
A la façon de Barbari,
 Mon ami?

Air : *De tous les Capucins du monde.*

Il faut chien! que je te poignarde.

PARODIE.

TÉRÉE, *lui arrêtant le bras.*

Ah! tout doucement, prenez garde!

PROGNÉ, *se pâmant.*

Soutenez-moi, Dame Alison!
Toute ma fureur se rétracte.

TÉRÉE.

Ma foi, sans cette pâmoison,
Nous mourions tous au second Acte.

Fin du second Acte.

ACTE III.

SCÈNE PREMIÈRE.

Le Théâtre représente le rivage de la Mer, & le Palais dans les ailes.

PROGNÉ, ÉLISE.

ÉLISE.

Air : Monsieur de la Palisse est mort.

C'est fait du pauvre Athamas.
Voulez-vous savoir, Madame,
L'histoire de son trépas ?

PROGNÉ.

Eh bien ?

ÉLISE.

Il est mort.... en rendant l'ame.

PROGNÉ.

Voilà le cruel en train ; j'aurai bientôt mon tour.

ÉLISE.

PARODIE.

ÉLISE.

Ce seroit le droit du jeu ; quoi ! vous n'avez qu'un moyen, & un moyen sûr de ne plus craindre votre mari, c'est de devenir veuve ; & vous ne le voulez pas ?

PROGNÉ.

N'as-tu pas d'autres avis à me donner ?

ÉLISE.

Eh, mornonpas de ma vie, le Roi en suit-il de meilleurs, & en donne-t-on d'autres ici ? Allez, vous êtes une pauvre espèce. Tantôt vous étiez à deux doigts du veuvage, & c'étoit une affaire faite, quand vous avez fait sottement la carpe pâmée. Jarni, si vous aviez eu mon courage... Oh' bien, je ne sais plus qu'une chose qui vous puisse tirer d'affaire.

PROGNÉ.

Parle.

ÉLISE.

Les Harangères se sont gorgées de vin, pendant toute la journée, devant l'Hôtel-de-Ville, & font, à présent qu'il est nuit, bacchanale à travers les rues; allez-vous mettre à leur tête, pendant que le Roi dort, comme si de rien n'étoit; & réclamez leur appui.

Air : *Charivari.*

Cent femmes à rouge trogne
Courront à vous :
Buvez de vin de Bourgogne,
Quinze ou vingt coups;
Et puis venez faire ici,
Charivari.

Je vais cependant vous chercher d'autres secours.

SCÈNE II.
PHILOMÈLE, PROGNÉ.

PHILOMÈLE, *en fureur & hors de sens, prenant sa sœur, tantôt pour Térée, tantôt pour Athamas.*

Air : *Quel plaisir de passer notre vie, &c.*

Quelle horreur!
Où suis-je? Le Barbare !
Je frissonne !

PARODIE.

    Mon cher Prince!
    Sauve-toi!
    Ah, Térée!
Arrête! mais que vois-je?
    Quel sang coule?
    Ah, Perfide!
    C'est le sien!
    Viens sur moi,
    Viens, cruel,
    Et m'enfonce
    Dans la gorge,
    Ton poignard.

PROGNÉ.

Air : J'offre ici mon savoir faire.

  Quelle Muse vous anime?
Vous joueriez mal au corbillon.

PHILOMÈLE.

Quand on a perdu la raison?
Pourquoi s'amuser à la rime?
Quand on a perdu la raison,
Pourquoi s'amuser à la rime.

PHILOMÈLE,
PROGNÉ, *entrant en fureur.*
Air : *Cotillon de Surène.*
Mon perfide époux me quitte.
PHILOMÈLE.
Mon fidèle Amant est mort.
PROGNÉ.
Quel démon m'agite ?
PHILOMÈLE.
D'où vient ce transport ?
TOUTES DEUX ENSEMBLE.
Allons, saccageons, pillons, brûlons, & ravageons !
PROGNÉ.
Mon perfide Époux me quitte.
PHILOMÈLE.
Mon fidèle Amant est mort.

SCÈNE III.

PHILOMÈLE, PROGNÉ, ÉLISE, LA JALOUSIE.

ÉLISE, *à Progné.*

Madame, voilà une brave femme de mes amies que j'ai l'honneur de vous présenter.

PROGNÉ.

Comment se nomme-t-elle ? Je crois la connoître.

LA JALOUSIE.

Je suis la Jalousie, Madame.

Air : *De la Jalousie.*

On dit que vous êtes fidelle,
Et que votre époux ne l'est pas.
Curieuse, à cette nouvelle
J'ai, vers vous, adressé mes pas.
Quoi, votre cœur est jaloux
De la tendresse d'un époux ?

Ah! j'avois traité
Ce bruit, de chimère;
Car, en vérité,
Cela ne sent guère
Sa femme de qualité.

PROGNÉ.

Cela n'est pourtant que trop vrai, comme vous voyez. Mais, dites-moi, Madame la Jalousie, d'où sortez-vous ?

LA JALOUSIE.

D'à travers tous les Diables, Madame, pour vous rendre mes petits services.

PROGNÉ.

Vous, des services ? Et savez-vous faire autre chose que du mal ?

LA JALOUSIE.

Comment donc, Madame, vous n'y pensez pas; il n'y a rien de plus utile que moi dans le monde. Par moi les arts se perfectionnent; c'est moi qui fais souvent qu'un frippon de Marchand vend en conscience, pour faire enrager son voisin;

il n'y a que chez les Poëtes & les Musiciens où je ne fais que du mal; sur-tout le lendemain du succès d'une Pièce ou d'un Opéra, je fais, parmi ces Messieurs là, un fracas de tous les diables : mais, le cas arrive si rarement, que cela ne vaut pas la peine qu'on me le reproche.

PROGNÉ.

Voilà qui est fort bien. Et, s'il vous plaît, où faites-vous votre résidence ordinaire ?

LA JALOUSIE.

Dans la tête des Maris, & le cœur des Amans; j'établis là mon principal domicile, & vous ne sauriez croire tous les bons offices que j'y rends aux honnêtes gens qu'ils persécutent. Demandez plutôt à toutes les femmes de ce Royaume, si, de trois cocus, je n'en fais pas deux. Mon avis seroit même, que pour toute vengeance, vous en fissiez passer par-là votre époux : mais, puisque vous ne voulez pas faire les choses à l'amiable, & que, par malheur pour lui, vous êtes de ces honnêtes femmes, qui aimeroient mieux étrangler leurs maris, que de les trahir, tenez, voilà un poignard dont je vous fais présent.

PROGNÉ.

Vous ne ménagez guère vos pas, de m'apporter de si loin une chose si commune.

LA JALOUSIE.

Pas si commune. La malepeste ! ce n'est pas ici un poignard de Théâtre ; c'est un poignard sérieux, celui-là : essayez-le seulement sur le fils de votre mari, vous verrez le bel effet que cela fera. Adieu.

PROGNÉ.

Élise a raison ; on ne donne ici que de mauvais avis : mais, puisqu'il n'y en a pas d'autres, il faut bien s'en servir. [*Elle rappelle la Jalousie.*] Parlez donc. Je songe à une chose : s'il arrivoit qu'en tuant mon fils,

Air : *Vous m'entendez bien.*
Je ne me vengeois pas du Roi,
Et je ne faisois mal qu'à moi ?

LA JALOUSIE.

Eh, comment cela ?

PARODIE. 489

PROGNÉ, *continuant l'air.*

Sûrement j'en suis mère.

LA JALOUSIE.

Eh bien ?

PROGNÉ.

S'il n'étoit pas le père ;
Vous m'entendez bien.

LA JALOUSIE.

Eh bien, vous le lui avez laissé croire, pour lui faire plaisir ; ne le détrompez pas, pour le faire enrager.

PROGNÉ.

C'est fort bien dit. Adieu, Madame la Jalousie ! Grand-merci.

LA JALOUSIE, *au Parterre, en s'en allant.*

Du moins, Messieurs, si cette Parodie-ci ne vous plaît pas, ne vous en prenez point à moi ; je vous assure que je n'y ai point de part.

SCÈNE IV.
PHILOMÈLE, PROGNÉ, ÉLISE.

[*Il se fait un grand bruit derrière le théâtre.*]

PROGNÉ

Air : *Aux armes Camarades.*

J'entends les Harangères ;
Achevons mon dessein :
Vite, un broc de vin !
Soulons-nous, à pleins verres,
Pour tâcher de nous mettre en train.

SCÈNE V.

[*On apporte du vin, qu'on verse à Progné, pendant que les Bacchantes dansent.*]

PROGNÉ, PHILOMÈLE, BACCHANTES.

UNE BACCHANTE.

Air : *Sans-dessus-dessous, &c.*

Commère, j'en tiens, par ma foi, *bis.*
Je sens la terre dessous moi, *bis.*
Tourner de la belle manière,
Sans-dessus-dessous, sans devant-derrière.

[*à l'Auditoire.*]

Et vous me paroissez tretous,
Sans-devant-derrière, sans-dessus-dessous.

Air : *Un saut, deux sauts, trois sauts.*

Ma Commère & moi j'ons couru des premières,
Aussi j'en ons pris à tirelarigot!
C'étoit, ma foi, de bon piot.

J'en ai bu, pour mon écot,
Un pot, deux pots, trois pots.

UNE AUTRE.

Air : *La mirtanplain, la tirelarigo.*

Pour moi, je n'ai bu qu'un pot ;
Mais, j'en suis contente :
Il tenoit presque un quartaut,
La mirtanplain, latirelarigot,
J'en suis bien contente.

[*Après une contredanse tumultueuse.*]

PROGNÉ, *ivre.*

Oh, çà mes enfans, il faut me faire un plaisir.

UNE BACCHANTE.

Vous n'avez qu'à dire, Madame la Reine, je sommes bian à vote sarvice : vous nous avez bian payé d'avance dea ; aussi, comme dit l'autre, je ferions de la fausse monnoie pour vous.

PROGNÉ.

Je n'abuserai pas de votre bonne volonté ; je ne veux de vous qu'une bagatelle ; c'est que vous

PARODIE.

veniez avez moi au Palais tout piller, tout saccager, tout jeter par les fenêtres, y mettre le feu, & massacrer le fils du Roi.

LA BACCHANTE.

Ce n'est que cela ? allons, allons,
Air : *Et frou, frou, & glou, glou, glou.*
Madame, commandez-nous, *bis.*
Je sommes tretoute à vous, *bis.*
Et glou, glou, glou, & frou, frou, frou.
J'ons bon courage,
Quand j'ons bû comme des trous
J'aimons bian le tapage.
[*Elles vont mettre le feu au Palais.*]

SCÈNE VI.

PHILOMÈLE, *seule.*

Air : *Un saut, deux sauts, trois sauts.*

Trêve à mes soupirs, dans mon malheur extrême :
Cet embrasement va m'amuser un peu ;
Le Roi le paiera, parbleu !
Et nous allons voir beau jeu.

CHŒUR DE PEUPLES.

Au feu ! au feu ! au feu, au feu !

[*Le Palais paroît en feu.*]

PHILOMÈLE.

Air : *Parodie de Bellerophon,* Act. IV. Sc. 1.

Quel spectacle charmant pour mon cœur furieux !
Le feu qui se répand du grenier à la cave,
Grillera dans son lit le Tyran qui nous brave :
Tout périt ; cela va des mieux.
Vous, pompes, tarissez ! foudre, ici viens descendre ;
Brûlez Palais ! tombez en cendre !

PARODIE.

Toutes les horreurs que je voi
Sont autant de joujoux pour ma sœur & pour moi;
Quand une femme se venge,
Qu'importe, qu'importe à quel prix.

CHŒUR DE PEUPLES.

Air : *Parodie de l'Opéra de Philomèle*, Sc. 11. Act. V.

Ah ! nous rôtissons tous !
Dieux, mouillez-nous !

(*L'Orchestre joue un petit air de flûtes.*)

PHILOMÈLE.

Air : *Tique, tique, tin.*

Quels sons me charment l'ouie ?
Aurois-je le tintouin ?
Tique, tique, tique, tin ;
L'agréable harmonie,
Qui se mêle au tocsin !
Tique, tique, tique, tin.
Ah ! ah ! ah ! j'ai l'ame atteinte
D'une mortelle crainte ;
J'apperçois un Lutin.

(*Il paroît un vaisseau plein de Génies qui descendent sur le rivage.*)

SCÈNE VII.
PHILOMÈLE, TROUPE DE GÉNIES, en Matelots.

UN GÉNIE.

NE vous effrayez point, Madame, je suis un fameux Génie, à qui Minerve a confié Philomèle.

PHILOMÈLE.

Minerve me remet là dans les mains d'un pétit Génie.

LE GÉNIE.

Ne perdons point de temps, Madame, entrez dans cet esquif qui va vous remettre chez vos parens; le furieux Térée peut à tous momens paroître, & ....

PHILOMÈLE.

Oh, qu'il vienne s'il veut; je ne partirai pas sans ma sœur; attendons-la, s'il vous plaît, & cependant pour passer le temps, prenez la peine de danser.

PARODIE.

LE GÉNIE.

Quoi, Madame, aux portes d'un Palais, où la flamme & le carnage répandent le désordre & le désespoir; cela n'est guère de saison.

PHILOMÈLE.

Taisez-vous Monsieur le beau Génie; vous ne savez donc pas que c'est la mode ici de ne chanter & de ne danser qu'en de pareilles occasions.

LE GÉNIE.

Allons, qu'on danse donc.

[*Une mauvaise danse.*]

PHILOMÈLE.

Voilà des Génies bien lourds.

LE GÉNIE.

Il faut exciter, Madame, chaque Génie a ses talens : ceux-ci ne sont pas faits pour la gentillesse & la légéreté. Ce sont des Génies forçats, que Minerve n'exerce qu'à des ouvrages pénibles & grossiers; ils inspirent les gloses, les commentaires, les divertissemens d'Opéra, la prose rimée.

PHILOMÈLE.

Et vous qui me parlez, quel est votre emploi?
Quel Génie êtes-vous?

LE GÉNIE.

Moi, Madame, je suis un Génie pénétrant qui lit dans l'avenir, & qui dis la bonne fortune.

PHILOMÈLE.

Air : *La bonne aventure, o gué.*

Vous, pour qui rien n'est secret
Dedans la nature,
Répondez-moi clair & net,
Et dites-moi s'il vous plaît;
Ma bonne aventure,
O gué,
Ma bonne aventure.

LE GÉNIE, *après lui avoir regardé la main.*

Même air.

Belle Princesse tu dois,
Changeant de nature,
Devenir hôte des bois,
Et tout charmer par ta voix.

PARODIE.

PHILOMÈLE.

Je serai oiseau ! ah, j'irai nicher avec les moineaux !

La bonne aventure !
O gué,
La bonne aventure !

Et comment m'appellera-t-on ?

LE GÉNIE.

Rossignol.

PHILOMÈLE.

Rossignol, oh le joli nom ; & dites-moi, cela durera-t-il ?

LE GÉNIE.

Une trentaine de siècles, après quoi, jaloux de la beauté de ton ramage :

Même air.

Apollon, mal-à-propos,
Pour te faire injure,
Doit par un de ses suppôts,
Te rechanger en pavots ;

PHILOMÈLE;

La sotte aventure,
O gué,
La sotte aventure.

PHILOMÈLE.

Air: N'oubliez pas votre houlette, Lisette.

Ce changement me désespère :

LE GÉNIE.

Qu'y faire ?
C'est l'ordre du Destin.

PHILOMÈLE.

Quoi, de joli réveil-matin,
Me faire un triste somnifère !
Ce changement me désespère.

LE GÉNIE.

Qu'y faire ?
C'est l'ordre du Destin

PARODIE.

SCÈNE VIII.
PROGNÉ, PHILOMÈLE, LES GÉNIES.

PROGNÉ.

Air : *Toute la nuit je rode.*

Dors, cochon, dors ivrogne ;
Quand tu t'éveilleras,
Tu verras
De la belle besogne.
Ton Palais rissolé,
Gresillé,
Et ton fils étranglé.

A propos, ton fils ; hélas, j'y ai bien une bonne moitié pour le moins ; malheureuse que je suis ! ah, chiennes de Bacchanales !

Air : *Vas-t-en voir s'ils viennent Jean.*

Maudite soit la liqueur !

PHILOMÈLE.

C'est là sa coutume ;
Elle coule avec douceur,

PHILOMÈLE;

Puis la barbe en fûme,
Après;
Puis la barbe en fûme.

LE GÉNIE.

Air: Vogue la Galère.

Songez à la retraite,
Mes Dames, sauvez-vous.

PROGNÉ.

C'est une affaire faite;
Allons, embarquons-nous.

[*Ils s'embarquent.*]

TOUS ENSEMBLE.

Et vogue la Galère,
Tant qu'elle, tant qu'elle, tant qu'elle;
Et vogue la Galère,
Tant qu'elle pourra voguer.

SCÈNE IX & dernière.

TÉRÉE, *seul sur le rivage.*

Air : *Les Fraises.*

AU secours, au meurtre ! au feu !
Ah, les maudites bêtes !
Les chiennes ! les boutte-feu !
Ah les voilà ! ventrebleu !
Arrête ! arrête ! arrête !

PROGNÉ, *de loin.*

Air : *G'nia pas d'mal à ça.*

Pourquoi me reprendre ?
Cher Epoux, j'ai mis
Ton Palais en cendre ;
Et tué ton fils.
G'nia pas d'mal à ça, g'nia pas, &c.

TÉRÉE.

Fin de l'air du Branle de Metz.

Morbleu, si je la tenois,
Comme j'l'étrille, j'l'étrille, j'l'étrille ;

Morbleu, si je la tenois,
Comme je l'étrillerois!

Air: *Du Roi de Cocagne.*

Qui des deux à présent dois-je en croire,
De mon ventre ou de mon bras?
Me tuerai-je? ou me crevant de boire,
Chercherai-je un doux trépas?
Au dernier, je trouve que l'on gagne;
Eh lonlanla,
Ne mourons pas,
Comme à l'Opéra;
Mourons en Roi de Cocagne.

Venez Filles de Bacchus; je veux être moi-même de la Fête. La perte de ma femme me console de tous mes malheurs.

(*Contre-danse.*)

F I N.

LES ENFANS DE LA JOIE,

COMÉDIE
EN UN ACTE;
AVEC DES AGRÉMENS.

Donnée aux Italiens en 1725.

PERSONNAGES.

MOMUS.
ESCULAPE.
ATÉ.
LUCINE.
SCARAMOUCHE.
PIERROT, *Acteur muet.*
ARLEQUIN.
TROUPE DE RIS ET DE JEUX.
LES TROIS GRACES, *travesties en Arlequins.*
UN RIS, *chantant.*
LA MORALE.
GROS-JEAN.
MATHURINE.
UN SUIVANT *de Momus.*
PIERRETTE & SCARAMOUCHE, *pour le Balet de la fin.*

LES ENFANS DE LA JOIE;

COMÉDIE

EN UN ACTE.

SCÈNE PREMIÈRE.

ATÉ, *seule.*

JE ne me connois plus : qui suis-je ? & quel rôle jouons-nous donc à présent sur terre ? Ne suis-je plus la terrible Até ? Ne suis-je plus la Divinité puissante & funeste à qui le sort a commis le soin de faire ici-bas des malheureux ? Quoi ! je verrai tous mes efforts tourner à l'avantage de ceux que je crois en accabler ! Je vois un Banquier accrédité, je le veux ruiner, je lui fais faire banqueroute ; & cela fait sa fortune ! il devient Secrétaire du Roi ! Je le croyois pilorié ; je le trouve anobli ! Je vois une pauvre fille, un peu jolie ;

& qui pourroit trouver un parti honnête & sortable, si elle étoit sage : je lui fais franchir impudemment les bornes de la galanterie ; &, quand, avec raison, je me l'imagine à la Salpêtrière, je suis tout étonnée de la rencontrer dans un beau carrosse, quelquefois même, avec le carreau de velours sur l'impériale ! Je me flatte de mettre le poignard dans le sein d'un homme, en livrant sa femme à des Galants ; je choisis les plus indiscrets : son aventure éclate ; on le montre au doigt ; il le voit, il en rit. Et cela s'appelle encore un Galant-homme ! il a les honnêtes gens pour lui ! J'enrage ! oh bien la journée ne se passera pas que je n'aie fait du mal, qui soit bien du mal ! Qu'entends-je en cette maison ? C'est un bruit de réjouissance, occasionné par quelque mariage ou quelque naissance. Troublons la fête ! & sachons.... Ah ! c'est quelque naissance ; j'apperçois Lucine qui tire de ce côté là : je n'en suis point connue ; abordons-la, & faisons-la parler.

SCÈNE II.
ATÉ, LUCINE.

ATÉ

Bonjour ! secourable Lucine. Toujours en action pour le service du Genre humain. Point de relâche ! savez-vous bien que je vous plains fort, dans votre emploi d'Accoucheuse ; & que je le conçois très-fatiguant ?

LUCINE.

Plus fatiguant que vous ne pouvez croire, Madame. Au bon vieux temps, j'avois encore des momens de loisir ; l'Hymen étoit le seul qui m'employoit, & le bon Hymen s'endort quelquefois. Mais aujourd'hui, j'ai une bonne moitié d'ouvrage, plus qu'il ne m'en fait faire ; l'Hymen a beau dormir, je n'y gagne rien.

ATÉ.

Et pourroit-on vous demander où vous allez maintenant, sans trop de curiosité ?

LUCINE.

J'entre là, où l'on m'attend.

ATÉ.

Là! Eh mais, je crois connoître le Maître de la maison.

LUCINE.

Cela se pourroit fort bien, Madame; le beau sexe a toujours assez volontiers sacrifié au Dieu Portemarotte, pour en savoir la demeure.

ATÉ

Ah, oui! vous avez raison! c'est chez Momus. Eh qu'allez-vous faire chez ce fou-là ? Voudroit-il, pour contre-faire Jupiter, accoucher aussi du cerveau ?

LUCINE.

Ce n'est pas moi, c'est la Folie qui préside à ces sortes d'accouchemens là, aussi bien qu'à ceux des Muses. C'est pour la femme de Momus que vous me voyez en campagne.

ATÉ

Ah! je ne savois pas que Momus fût marié.

LUCINE.

S'il est marié! Eh qui le seroit donc? Il siéroit bien au Dieu des fous, d'être presque le seul à n'avoir pas fait la plus haute de toutes les folies. Assûrément il est marié, & bien marié même.

ATÉ.

Avec?

LUCINE.

Avec la Joie. Momus & la Joie. Hem? Ce n'est pas là pour engendrer mélancolie, du moins; qu'en dites-vous?

ATÉ.

Je vous en réponds: & la Joie a-t-elle eu déjà des enfans?

LUCINE.

La Joie? La Joie n'a-t-elle pas je ne sais combien de filles qui courent le Monde. Tout Paris en est pavé. Eh, d'où sortez-vous, pour ignorer cela?

ATÉ.

Hélas, je suis une pauvre innocente qui ne sais rien de rien. Et vous dites donc qu'elle est prête encore d'accoucher?

LUCINE.

Oui, Madame.

ATÉ.

Et c'est pour cela que tout chante & que tout danse dans la maison?

LUCINE.

Oui, tout est en alégresse : parce que nous avons lû, dans le Livre des Destinées, que, de cette couche, il va naître de quoi chasser les chagrins & l'ennui du cœur des malheureux mortels.

ATÉ, à part.

C'est à moi qu'on en veut.

LUCINE.

Et Momus a convoqué les Ris & les Jeux, pour venir célébrer cette heureuse naissance.

ATÉ.

Fort bien : & dites-moi, s'il vous plaît, n'a-t-on pas lu aussi dans le Livre des Destinées, qu'il y auroit du rabat-joie, à cette fête?

LUCINE.

Non. Pourquoi? Que voulez-vous dire?

ATÉ.

COMÉDIE.
ATÉ.

C'est qu'on n'a pas tourné le feuillet, m'Amie, adieu.

(*Elle veut s'en aller.*)

LUCINE, *l'arrêtant.*

Encore un mot ! daignez-nous dire, au moins, qui vous êtes.

ATÉ, *d'un ton aigre.*

Je ne mérite pas qu'on s'en embarrasse. Mais on le saura bientôt ! en attendant, réjouissez-vous bien tous. Jusqu'au revoir.

SCÈNE III.
LUCINE, *seule.*

Ouais ! je crains bien d'avoir trop parlé. Cette femme m'a la mine d'être une de ces Fées malencontreuses, qui tombent ordinairement des nues, au milieu d'une fête, où l'on ne les attend pas, pour faire de mauvais présens aux nouveaux-nés. Que me veut cette autre-ci ? N'est-ce pas encore une incommode ? En tous cas, tenons mieux notre langue.

Tome V. K k

SCÈNE IV.
LUCINE, LA MORALE.

LA MORALE.

Pourriez-vous me dire, officieuse Lucine, où demeure Momus ?

LUCINE.

Que lui voulez-vous, Madame ?

LA MORALE.

C'est qu'on m'a dit que je le trouverois, avec les Ris & les Jeux, dont j'ai besoin.

LUCINE.

Êtes-vous de ces bonnes réjouies, qui ne pouvez vous en passer, & qui ne cherchez qu'à me tailler de la besogne ?

LA MORALE.

Vous vous trompez bien : je suis la Morale.

LUCINE.

La Morale !

COMÉDIE.
LA MORALE.
Oui: fille de la Sagesse.....
LUCINE.
Et sœur de l'Ennui ! (*à part.*) Et, n'ai-je pas bien dit ? Autre trouble-fête ! (*haut.*) Votre frère n'est pas loin.
LA MORALE.
Quel frère ? Je n'en ai point ; je suis fille unique.
LUCINE.
Ah, sœur dénaturée ! Quoi, Madame, l'Ennui, n'est pas votre frère, & votre frère jumeau ? Vous pourrez le désavouer ?
LA MORALE.
Non : c'est un enfant supposé, qui, à la faveur de quelques cerveaux démontés, s'est impatronisé, malgré nous, dans la famille.
LUCINE.
Mais enfin, il vous suit par-tout : vous gâtez, moyennant cela, toutes les fêtes où vous vous trouvez. Allez voir comme vous faites déserter, depuis quelque temps, tous les Spectateurs.

LA MORALE.

N'aurai-je pas nui encore aux amusemens de l'Automne ? C'est moi qui aurai mené l'Ennui au Temple de Gnide ! Parlez.

LUCINE.

Oh! pour au Temple de Gnide, non ; l'Ennui n'y est pas entré de compagnie avec la Morale; les oreilles chastes témoigneront pour vous là-dessus : mais, en récompense, vous lui donnâtes une belle place au Temple d'Ephèse ; dites que vous n'étiez pas tous deux dans l'œuvre !

LA MORALE.

Très-malgré moi ; c'est aussi pour me débarrasser de lui que je viens .....

LUCINE.

Et moi, pour me débarrasser de vous, je m'en vais.

LA MORALE.

Je vous suivrai ; car j'ai dans l'esprit que Momus, les Ris & les Jeux sont où vous allez. Vos jours de travail sont des jours de fête, pour une maison. Où allez-vous ? Dites-le-moi.

COMÉDIE.

LUCINE.

Où je vais? Songez-vous bien à qui vous faites cette question-là?

LA MORALE.

A Lucine, à la Déesse qui préside aux accouchemens.

LUCINE.

Eh bien! Vous qui fréquentez les Théâtres, vous avez été à l'*Indiscret*?

LA MORALE.

Oui; mon prétendu frère & moi, nous assistâmes à toutes les représentations. Pourquoi?

LUCINE.

C'est que vous avez dû apprendre là, que la première vertu, c'est de savoir se taire: à quoi j'ajoute, que c'est la première règle des gens de ma profession. Vraiment, vraiment, si nous jasions dans notre métier, il n'y auroit plus de sûreté à être fille! C'est pour cela qu'il a fallu que les hommes devinssent Sages-femmes.

LA MORALE.

Ah! c'est m'offenser que de se défier de moi! Je suis fille de la Sagesse; &, par conséquent....

LUCINE.

Vous ne saurez rien! Et, croyez-moi, ne blâmez pas ma discrétion : vous êtes fille, & vous ne savez pas de quoi vous pouvez un jour avoir besoin.

SCÈNE V.
MOMUS[1] LA MORALE, LUCINE, MATHURINE.

MOMUS.

Maugrebleu de la cérémonie! je voudrois être à demain.

LA MORALE.

L'étrange figure! Ce ne peut être là que Momus!

---

[1] Momus a le baudrier, l'épée, le chapeau bordé, & le plumet d'un Officier; la perruque, le petit rabat & la calotte d'un Abbé; une plume à écrire, à la main, & le masque de Trivelin sur le visage. Il entre, en se dépitant, & sans voir Lucine.

COMÉDIE.

MOMUS.

Eh allons donc, Madame Lucine! avancez! A quoi diable vous amusez-vous-là, tandis qu'on vous réclame à la maison?

LUCINE.

Je m'en vais. Mais qui est cette fille-là?

MATHURINE.

Fille, Madame! fille vous-même! Si j'étois fille, je ne serois pas, sur votre respect, Madame la Nourrice.

LUCINE.

Ah! c'est la Nourrice. Il faut être bien sage, du moins, m'Amie; entendez-vous?

MOMUS.

C'est pour cela que nous l'avons prise à la campagne.

LA MORALE.

De la médisance! Oh, je n'en doute plus, c'est lui, c'est Momus.

LUCINE.

Point de Mari!

MATHURINE.

Je le sais bien ; ne vous inquiétez pas ! allez ! Madame, le Médecin m'a dit tout ce qu'il falloit faire, & ce qu'il ne falloit pas faire. Gros Jean aura beau venir : porte-close ; gnia pu de femme ici pour lui ; je sis payée pour ça. Ça me fera un peu mal au cœur : mais que faire ? On n'a rian sans peine, en ce monde-ci.

LUCINE.

Prenez-y bien garde ! diantre ! c'est ici un nourrisson de conséquence. (*à la Morale*) Adieu, sœur éternelle de l'Ennui ! mes complimens à Monsieur votre frère.

LA MORALE.

Allez les lui faire vous-même, si vous voulez. J'aime mieux vous donner son adresse.

MOMUS.

L'adresse de qui ?

LUCINE.

De l'Ennui.

MOMUS.

Eh! qui est-ce qui ne la sait pas? N'est-elle pas à tous les coins des rues : il n'y a qu'à lire l'Affiche de l'Académie Royale de Musique.

MATHURINE.

Eh, morgué! ne lantiponez donc pas tant; v'là Madame la Joie qui braille. Marchons.

SCÈNE VI.
MOMUS, LA MORALE.

LA MORALE.

C'est bien à Momus que j'ai l'honneur de parler?

MOMUS.

A lui-même. Vous ne me reconnoissez pas dans ce nouvel habillement?

LA MORALE.

Je ne vous avois jamais vu représenté dans un si bizarre équipage. Où sont vos grelots? où est votre marotte? en un mot, tous vos attributs ordinaires?

Momus.

En est-il de particuliers pour Momus ? Toutes sortes d'attributs ne me conviennent-ils pas, depuis la foudre de Jupiter jusqu'aux tenailles de Vulcain ?

La Morale.

Il est vrai que votre esprit de vertige anime tous les états de la vie.

Momus.

Vous ne voyez rien sur moi qui n'annonce quelques-unes de mes fonctions principales. Avec l'épée, je tue ; avec la plume, je ruine ; (*prenant son petit collet*) avec ceci, je subjugue les Belles ; (*prenant sa calotte*) avec cela, je coëffe tout le monde.

La Morale.

Mais que veut dire cet air martial que je vois répandu sur vous, & qui prime un peu sur tout le reste ? cet habit, ce plumet, cette épée, ce baudrier......

MOMUS.

Est-ce que ma plus belle qualité n'est pas celle de Colonel du fameux régiment de la Calotte?

LA MORALE.

Quel est ce régiment? Où campe-t-il?

MOMUS.

Où campe le régiment de la Calotte? Palsambleu, il est bon là! Et, cadédis! il campe, depuis que le monde est monde, dans l'Europe, l'Asie, l'Afrique & l'Amérique: le quartier général est en France.

LA MORALE.

Il faut bien de la place à ce régiment-là? Il est donc bien nombreux?

MOMUS.

Têtebleu! s'il est nombreux! Xerxés, avec son armée de douze cents mille hommes, n'étoit qu'un aigrefin que j'avois mis à la tête d'un petit détachement d'un homme seulement, par brigade. Cela s'appelle un régiment complet.

LA MORALE.

Ah! je vous entends; c'est un régiment où les Sept Sages de la Grèce n'ont pas servi ?

MOMUS.

Vous y êtes ! c'est le régiment des Fous. Parbleu, Madame, convenez d'une chose : tous les hommes manqueront, avant que je sois Colonel réformé.

LA MORALE.

Oh çà, je sais que tout votre badinage, au fond, n'est qu'une raillerie ingénieuse, qui vise à corriger les hommes; voulez-vous que nous unissions nos forces ? & que....

MOMUS.

Alte-là ! Faisons tout dans les règles de l'art militaire. Avant de nous joindre, allons au *qui vive ?* Qui êtes-vous ?

LA MORALE.

Je suis la Morale.

MOMUS.

La Morale ! Ah, fi ! Gare l'Ennui ! Sauve qui peut !

COMÉDIE.

LA MORALE, *l'arrêtant.*

Attendez ! Peut-être....

MOMUS.

Rien ! rien ! point de relation ! Vous êtes en pays ennemi ! battez la retraite, ou je vais tirer sur vous.

LA MORALE.

Mais je viens pour vous dire que....

MOMUS.

Quoi ! qu'allez-vous nous dire ? Nous rebattre toujours la même chanson : que l'honneur a pris le chemin des espaces imaginaires ; que toutes les vertus sont changées en vices ; la sagesse en pédantisme ; la valeur en fanfaronade ; la pudeur en grimaces ; la justice en chicane ; & tous vos autres lieux communs ! [*vivement.*] Eh bien, oui, Madame ; oui, morbleu ! les hommes sont des insensés, des méchans, des cœurs corrompus ; la terre est un hôpital de Petites-Maisons, d'Incurables, si vous voulez : tant mieux ; qu'en voulez-vous dire ? De quoi vous mêlez-vous ? Ils se trouvent bien comme cela Rendrez-vous ces animaux-là meilleurs qu'ils ne sont, malgré eux ? Prendrez-vous la Lune avec les dents ?

LA MORALE.

Mon Dieu ! il n'y a que manière à tout ; les hommes ne sont pas si incorrigibles.....

MOMUS.

Eh non ! de par tous les diables ! c'est vous qui l'êtes, avec votre rage de donner inutilement des leçons ! Vous ferez accroire aux Gens d'affaires qu'ils ne sont pas de qualité, n'est-ce pas ? Surtout depuis que la Noblesse se mésallie pour l'amour de ses créanciers ?

LA MORALE.

Peut-être bien.

MOMUS.

Vous ferez quitter à nos jeunes Seigneurs leurs dehors efféminés.

LA MORALE.

Je l'espère.

MOMUS.

A nos jeunes Dames leurs airs petits-maîtres ?

LA MORALE.
Sans doute.

MOMUS.
Vous donnerez un air d'Ecclésiastique à un Abbé?

LA MORALE.
Ouidà!

MOMUS.
Le sens commun à un Bel-esprit?

LA MORALE.
Pourquoi non?

MOMUS.
Une conscience & une femme fidelle à un Procureur?

LA MORALE.
Assûrément.

MOMUS, *en colère.*
Allez, Madame, allez! si je ne craignois de me déshonorer par une action sensée; je vous enrôlerois tout-à-l'heure, & je vous flanquerois ma calotte sur la tête!

LA MORALE.

Oui, je vous soutiens, moi, que nous ne devons pas abandonner le malade ; & que les maladies de l'esprit sont comme celles du corps. Il y a de bons remèdes : il ne manque que de bons Médecins.

MOMUS.

Volontiers. Mais qui seront-ils ces bons Médecins ?

LA MORALE.

Vous & moi ; si vous voulez, nous ferons la cure à nous deux. Et voici comment.....

SCÈNE VII.

MOMUS, LA MORALE, SUIVANT
de Momus, entrant tout transporté de joie.

LE SUIVANT.

Bonne nouvelle ! Seigneur ! la Joie vient d'accoucher heureusement.

MOMUS.

Et de quoi ? Seroit-ce encore d'une fille ?

COMÉDIE.

LE SUIVANT.

Non, d'un garçon!

MOMUS.

Grâces au Ciel! à la fin! *tunta molis erat!* Est-il joli? là, me ressemble-t-il?

LE SUIVANT.

C'est une petite mignature! li est par-tout le corps comme vous êtes par le visage.

MOMUS.

Noir?

LE SUIVANT.

Noir comme jais, depuis les pieds jusqu'à la tête exclusivement. Il ressemble, dans son maillot, à une poupée d'ébène, qui a le visage d'yvoire.

MOMUS.

Et comment se porte la mère?

LE SUIVANT.

Fort bien. Les Jeux & les Ris, en recevant l'enfant des mains de Lucine, l'ont nommé Scaramouche.

MOMUS.

Scaramouche? ce nom là est de mon goût! je le ratifie. Rentrez: voilà qui est bien. Je vous suis.

SCÈNE VIII.
MOMUS, LA MORALE.
LA MORALE.

JE vous félicite, & ......

MOMUS.

Laissons cela : revenons, s'il vous plaît, à votre beau projet de réformer les hommes; je suis curieux de savoir comment nous nous y prendrions.

LA MORALE.

C'est ce que je venois vous communiquer. Écoutez. L'on n'est sourd à ma voix, & l'on ne me hait qu'à cause de mes mauvaises compagnies; le Chagrin, l'Austérité, la Sécheresse & l'Ennui m'environnent & m'obsèdent ordinairement. Leur présence insupportable gâtera toujours tout ce que je ferai; je veux m'en défaire & vous prier d'une chose.

MOMUS.

De quoi ?

COMÉDIE.

LA MORALE.

De me faufiler avec les Ris & les Jeux dont vous disposez.

MOMUS.

Ouidà! ils deviendroient jolis garçons, ma foi! Pour en faire de petits Pédants qui moraliseront comme vous?

LA MORALE.

Non, non! ne craignez rien. Il est même de mon intérêt qu'ils restent comme ils sont.

MOMUS.

Eh bien donc, que ferez-vous d'eux?

LA MORALE.

On s'en laisse aborder volontiers, comme vous savez.

MOMUS.

Après.

LA MORALE.

Je me glisserai dans la foule: les hommes qui ne s'attendront pas à me trouver là, ne me reconnoîtront pas d'abord. Je parlerai: ils m'écouteront. Je mettrai le Plaisir de la partie; ils me goûteront tout doucement: & les voilà pris.

MOMUS.

Pas mal imaginé! mais, ma foi, tout cela, croyez-moi, temps perdu!

LA MORALE.

Que savez-vous? Peut-être que.....

MOMUS.

Je connois le genre humain, comme si je l'avois fait. Il a pris son pli depuis cinq ou six mille ans : nous ne le redresserons plus.

LA MORALE.

Essayons toujours! ouais! les choses peuvent.....

MOMUS.

A moins de le refondre, vous dis-je ; oui, Madame, à moins de faire une refonte générale de toute l'espèce, il n'y a rien à espérer : c'est moi qui vous le dis.

LA MORALE.

Mais.....

MOMUS.

Mais! après tout ; bons ou mauvais, quelle manie avez-vous de vous en embarrasser? Que nous importe ? Si je vous disois même que nous serions des ridicules d'empêcher les hommes de l'être ! oui ! & je vous le prouve, par une petite historiette, que me conta l'autre jour le Dieu des Vers, & qui vient parfaitement à ce propos. La voici mot pour mot :

» Tous les gens d'un navire, échapés du naufrage,
  » Dormoient paisiblement au bord
  » D'une Isle déserte & sauvage,
  » Où les avoit jetés le sort.
  » Des singes......

SCÈNE IX.

MOMUS, LA MORALE, SUIVANT de Momus, *entrant encore plus transporté que l'autre fois.*

LE SUIVANT.

VOTRE femme vient encore d'en faire un !

MOMUS.

Comment ! Elle.....

LE SUIVANT.

Allegria, Seigneur Momus : *bis repetita placent*. Oui, la Joie vient encore d'accoucher d'un gros garçon.

MOMUS.

La voilà en train de bien faire ! Et celui-ci ressemble-t-il au premier ?

LE SUIVANT.

La Joie aime la diversité ; ils se ressemblent tous deux comme deux chevaux de fiacre. Le premier étoit noir comme l'encre ; celui-ci est blanc comme neige.

MOMUS.

Et comment les Ris & les Jeux l'ont-ils nommé ?

LE SUIVANT.

Pierrot.

MOMUS.

Scaramouche & Pierrot ! les plaisans noms ! Par ma foi, je me réjouis de voir ces deux poupons-là. Entrons.

LA MORALE, *l'arrêtant.*

De grâce, auparavant, voyons le bout de votre histoire.

MOMUS.

De mon histoire ?

LA MORALE.

Ou de celle d'Apollon ; pour me prouver qu'il y auroit du ridicule à nous de vouloir corriger celui des hommes, quand nous le pourrions.

MOMUS.

Ah ! j'oubliois tout cela ! Pardonnez aux transports d'un enfant qui vient d'avoir deux pères.... d'un père, dis-je, qui vient d'avoir deux enfans. (*au Suivant.*) La santé de ma femme?

LE SUIVANT.

Bonne.

MOMUS.

Entrez toujours ! je n'ai plus qu'un mot à dire ici. [*à la Morale.*] Vous allez donc voir, que si les hommes sont des impertinens, le meilleur, pour nous, est de les laisser comme ils sont.

SCÈNE X.
MOMUS, LA MORALE.
MOMUS, *continue.*

» Tous les gens d'un navire, écarté par l'orage,
  » Dormoient paisiblement au bord
 » D'une isle déserte & sauvage,
  » Où les avoit jetés le sort.
 » Des singes, habitans de l'isle,
 » Tandis que tout étoit tranquile,
 » S'introduisent dans le vaisseau;
 » Et là, cette gent libertine,
 » Fouille partout, pille & butine :
 » Chacun tire à lui son morceau.
 » Puis, regagnant le bord de l'eau,
 » La troupe alerte & baladine,
 » De son brigandage nouveau,
 » Fait l'usage qu'il s'imagine.

» Sur les pieds de derrière un d'entr'eux s'élevant,
  » Marche à pas grave & pédantesque;
» D'une morgue de Juge, & d'un air imposant,
  » Décorant sa face burlesque,
 » Il haussoit sa tête à l'évent;

COMÉDIE.

» Et, d'une robe à longue queue,
» Traînante après lui d'une lieue,
» Balayoit le sable mouvant.

» L'autre, le plumet sur la tête,
» L'air étourdi, vif & mutin:
» Ta, ta, ta, contre son voisin,
» S'escrimoit d'une longue brette.

» Un autre, l'aiguille à la main,
» A part, avec un ris malin,
» Barbouilloit sur une tablette.
» Celui-ci faisoit le Poëte;
» Et celui-là, le Spadassin.

» Devant un miroir de toilette,
» Rencontré parmi le butin,
» Une guenon difforme & vieille,
» Cherchoit de petits airs frippons,
» S'ornoit de cent brimborions,
» Se peignoit le museau, s'ajustoit sur l'oreille
    » Un moulinet & des ponpons,
    » Et se trouvoit belle à merveille.

» Nos Gens venant à s'éveiller,
» A cette rare mascarade,
» Prirent un plaisir singulier,

» Et de l'animal familier
» Ils admiroient tous la boutade :
» Quand ne voilà-t-il pas deux Fous,
» [Tels que vous & moi pourrions l'être]
» Qui lapident les Sapajous.

» Adieu Robin, Rimeur, Coquette, Petit-Maître!
» Chacun d'eux se débarrassant
» De son ridicule étalage,
» Ne songea plus au badinage ;
» Et se fit, en disparoissant,
» Regretter de tout l'équipage ».

Madame la Morale,

Les hommes extravaguent tous.
Mais, pourquoi leur jeter la pierre ?
Plus de ridicule sur terre,
De quoi nous divertirons-nous ?

LA MORALE.

Moi ; je vais vous prouver, par un beau grand discours moral, qu'au contraire, les hommes......

SCÈNE XI.

MOMUS, LA MORALE, SUIVANT *de Momus, entrant plus transporté encore que les deux premières fois.*

LE SUIVANT.

Seigneur ! & trois !

MOMUS.

Encore !

LE SUIVANT

Encore un joli garçon.

MOMUS.

Oh ! mais diable aussi, *ter repetita nocent*, Si je n'y vais, cela ne finira pas ?

LA MORALE, *l'arrêtant.*

Votre dernière résolution ?

MOMUS.

C'est pour une autre fois.

LA MORALE.

Un mot !

MOMUS.

Morbleu, Madame, laissez-moi aller; voulez-vous que ma femme accouche d'ici à demain? [au Suivant] Quel nom donne-t-on à celui-ci?

LE SUIVANT.

Arlequin.

MOMUS.

De quelle couleur est-il? noir? blanc?

LE SUIVANT.

Noir, blanc, jaune, rouge, verd, bleu, de toutes les couleurs.

MOMUS.

Voilà un enfant de toutes pièces : je n'ai jamais fait tout cela moi seul. Adieu, Madame : je ne puis résister à ma curiosité. A demain les affaires.

(Il s'en va.)

SCÈNE XII.
LA MORALE, seule.

NE le quittons pas. Je conçois de grands desseins sur ces trois enfans. Momus les approuvera lui-même. Entrons. Et tandis que les Ris & les Jeux sont assemblés ici, ne perdons point de temps, ni l'occasion de nous insinuer parmi eux.

[Elle entre chez Momus.]

SCÈNE XIII.
GROS-JEAN, MATHURINE.
MATHURINE.

Non pas! non pas, s'il vous plaît, point de raison, retirez-vous! Je ne sais qui vous êtes.

GROS-JEAN.

Eh mais, Mathurine, tu n'y penses donc pas, de te vouloir sauver de moi. Parmets du moins...

MATHURINE.

Allons, allons, pas tant de familiarité, ça engendre mépris.

GROS-JEAN.

Comme tu me rebrouis! eh queman donc, Mathurine! depis six jours queulià qu'on t'a retenue cians pour nourrice, que je nous sommes vus; je n'ai pazu eun petit brin de bontems. Je pars aujourdi, patience; je plante là le troupiau; je vians à toute jambe; je t'avise de loin; je te cours au-devant: & tu te vire? Dame, aga, ça n'est pas trop bian du moins.

MATHURINE.

Ça sera comme ça voudra, Monsieu Gros-Jean: mais ça sera pourtant comme ça. Allons donc, allons donc, vous dis-je, finissez : & laissez-moi en repos.

GROS-JEAN.

Que je te laisse en repos ! voici du fruit nouviau. Et depis quand est-ce que cette fantaisie-là te prend ; pardi note femme, tu ne disois pas ça....

MATHURINE.

Oh ! note mari ! laissez-là note femme ; vote femme est bian, pour à cette heure, vote servante.

GROS-JEAN.

Eh mais, mais ! qué mouche est-ce qui te pique ?

MATHURINE.

Qué mouche me pique ? Qué mouche me pique ? La mouche qui m'a piquée, m'a piquée pour longtems. A bon entendeur demi-mot.

GROS-JEAN.

Quoi, Mathurine, après que je sis venu tout exprés pour . . . . .

MATHURINE.

Oh bian, Monsieu Gros-Jean, si vous êtes venu tout exprès pour... vous n'avez qu'à vous en retourner tout comme vous êtes venu : je suis venu tout exprès pour.....

GROS-JEAN.

Tu ne tiendras pas ton courage. Je vois çan que c'est : t'es eune gausseuse, & toutes ces frimes-là ne sont que pour mieux m'agacer. N'est-ce pas ?

MATHURINE, *criant de toutes ses forces.*

Ah, ne me touche pas, ou je crierai, du fin haut de ma tête, au loup sur toi.

GROS-JEAN.

Oh dame, à la parfin, c'est que je nous boutterons en colère ! pal sangué ! je sis ton homme eune fois !

MATHURINE.

Ça ne fait de rian !

GROS-JEAN.

Ça fait tout. Ça ne fait-il pas que t'es ma femme ? & que je sis le Maître de..... Ouais.

Je pense qu'à la campagne sera bientôt comme à la ville ; les femmes ne seront plus à leux maris.

MATHURINE.

Non ? drez que je sis nourrice, je ne te sis pu rian. Entens-tu ?

GROS-JEAN.

Tu ne m'es pu rian ? Tu m'es tout ce qui me plaira, & je te le montrerai bian. La bonne justice ! note mariage n'est pas un mariage de Jean Déveigne : j'ai eun bon contrat de Notaire !

MATHURINE.

Et moi une bonne ordonnance de Médecin.

GROS-JEAN

Une ordonnance de Médecin, pour n'être plus ma femme ?

MATHURINE.

Assûrément.

GROS-JEAN.

Eh mais, ma pauvre Mathurine, je crois.....

MATHURINE.

Mathurine, Mathurine : passez vote chemin, Mathurin. Tenez, Mathurine est bian devenue
Mademoiselle

Mademoiselle pour vous, Monsieur le Manant. Lé Jan de ce biau Palais-ci vous valont bian, je crois, & s'ils me traitont tretous comme eune Madame ; & je commence bian d'en être eune itou dea ! j'ai de biaux habits ; on me nourrit à bouche que veux-tu ? Je ne fais œuvre de mes dix doigts ; on ne veut pas tant seulement que je grouille. Qu'est-ce qui faut donc encore pour être Madame ? Malgré ça, à la fin de ma journée, on me demande : Madame la Nourrice n'est-elle pas fatiguée ? *un peu*. Et pis, je dors la grasse matinée, il faut voir ! Et pis dez-que je sis levée, pendant qu'on me fait brave : c'est de la part de Madame stelle-ci ; c'est de la part de Madame stelle-là ; pour savoir comment vous avez passé la nuit. *J'ai été agitée. Et elle ?* Fort bien. *J'en suis bien aise.* Et si au fonds je m'en embarrasse comme de ça. Eh bian ne me vlà-t-il pas eune Madame toute crachée ? Adieu, Monsieur Gros-Jean, je vous recommande bian nos pourciaux : faites bonne chère, & n'épargnez pas le beurre, la vache a du lait. [*Elle veut s'en aller.*]

GROS-JEAN, *l'arrêtant.*

Eh, laisse-moi du moins te reluquer à mon gogo ! t'es si gentille avec cé braveris là ! hailas ! le Magister a bian raison de dire queuquefois : *rores mores*, les honneurs changent les mœurs. Vlà Mathurine en pié : adieu le pauvre Gros-Jean !

(*Il pleure.*)

MATHURINE, *attendrie.*

Oh ! mais dame itou, si tu veux faire comme ça, j'oublierai l'ordonnance.

GROS-JEAN.

Quoi, Mathurine, toi, qu'es si piteuse ; t'aurois bian le courage de me laisser en aller, sans me baillé queuque petite signifiance d'amitié ?

MATHURINE.

Oh ! ne pleure donc pas, Gros-Jean ; tu n'as que faire de tant geindre ; acoute. J'ai bian dire, & biau faire ; tout ci, tout ça ; je sis ce que j'étois dans le fond ; je le sens bian. Tians ! je t'aime toujours comme je t'aimois : & je voudrois que les Medecins fussiont bian loin, avec leuz ordonnances. Mais tant y a que je sis nourrice ; & que je ne le sis, qu'à condition que je leuz obéirai je gagne ici gros ; vois-tu? Vlà deujà eune bourse toute pleine d'argent qu'on m'a baillée.

GROS-JEAN *plus gai, la vuidant dans son chapeau.*

Jarnigoi ! t'as ma foi bian raison de dire que tu gagnes gros. Tatigué que vlà d'écus, Mathurine ! je n'en avions de nos jours tant veus ensemble !

MATHURINE.

Tu ne pleures donc plus à-stheure ?

GROS-JEAN.

Par ma fi ! il ne coutont guère à d'aucunes gens ! Eh quemant diantre ! ton lait tout seul nous rapporte plus, en un jour, que stila d'un troupiau de vaches ne feroit en dix ans !

MATHURINE.

Oh, çà ! voudrois-tu être cause qu'on me renvoyît ?

GROS-JEAN.

Dame, nennin ! oh, je vois bian pour le présent qui faut faire tout comme Monsieur le Docteur t'a dit ! Mathurine, au bout du compte, il est pu savant que nous : & tout Médecin qu'il est, il pourroit bian savoir ce qu'il dit ; oui !

MATHURINE.

Ces jan-ci m'ont promis de t'mettre à ton aise, s'il étiont contens de moi; & il le pouvont faire en un tour de main.

GROS-JEAN.

Assurément; sils vouliont, drez demain; (ça feroit bian bouquer les autes Vachés, dis donc ?) J'irois gardé lé vaches dans un bon carrosse.

MATHURINE.

Mais tout ça, comme je te dis, à condition que tu ne mettras pas le pied cians.

GROS-JEAN.

Je l'entans bian. Vlà qui est fait : qu'à ça ne tienne, je ne li mettrai plus !

MATHURINE.

Et je serions perdus, si on nous voyoit tant seulement jazepiller ensemble comme je fons; d'abord on y penseroit du mal.

GROS-JEAN.

Ne gâtons pas nos affaires. Adieu. Aye bian soin seulement de m'envoyer les bourses qu'on te baillera.

MATHURINE.

Oh, mais! itou, t'es par trop pressé.

GROS-JEAN.

Quand, quand ne seras-tu plus nourrice!

MATHURINE.

Je ne l'ai pas encore été; ce ne sera que tantôt.

GROS-JEAN.

Le plutôt ce sera le meilleur.

MATHURINE.

Gros-Jean, tu dis que tu me trouves si gentille comme ça ?

GROS-JEAN.

Mathurine, l'ordonnance !

MATHURINE.

Encore un petit moment ! vas !

GROS-JEAN.

Le Compère Lucas m'attend dans la cave au cousin Thibaud! bonjour; prenons garde à Monsieur le Docteur ; tu ne sais pas que tout cé jan là qui savont le grec, sont dé sorciers qui savont tout.

MATHURINE.

Pour voir s'ils savont tout, baillons li à deviner queuque chose. J'entends le bruit des réjouissances il va venir du monde ! sauvons-nous.

SCÈNE XIV.

Le Théâtre change, & représente un appartement du Palais de Momus, où l'on voit Scaramouche, Pierrot & Arlequin, couchés chacun dans un berceau couvert d'un tapis de la couleur de l'enfant.

MOMUS, LA MORALE, ESCULAPE, SCARAMOUCHE, PIERROT, ARLEQUIN, SUIVANT de *Momus*, **TROUPE** de *Ris, de Jeux, de Caprices, de Grâces, de Quintes & de Fantaisies qui bercent les enfans. Les trois enfans qui braillent, & la Troupe qui les berce, sont quelque-temps en Scène, avant l'entrée des autres Acteurs.*

MOMUS.

Voila qui est bien, je vous crois; j'en suis le Père, laissez-là vos aphorismes & songez seulement à un renfort de deux nourrices. Que dites-vous de celle que j'ai déjà? L'avez-vous bien visitée?

ESCULAPE.

Je trouve un grand défaut à Mathurine.

MOMUS.

Quel défaut?

COMÉDIE.

ESCULAPE.

Elle a le tetton un peu trop ferme, un peu trop dur. Cela peut rendre votre enfant camard; parce qu'en appuyant le nez...... Mais où est-elle à présent qu'elle est ici nécessaire? n'auroit-on pas vu roder Gros-Jean par ici?

LE SUIVANT.

Tout-à-l'heure, je les ai vu passer ensemble.

ESCULAPE.

Ah! l'on viole assurément mes loix: je gage qu'on va les surprendre en contravention. Et vîte, & vîte, [*au Suivant de Momus.*] courez de ce côté-là; moi je cours de celui-ci! [*Ils sortent.*]

MOMUS, *à la Troupe.*

Oh çà, Messieurs les Ris, les Jeux & les Caprices; vous, Mesdames les Grâces, les Quintes, & les Fantaisies, voilà la Morale qui demande à vivre parmi vous. Ne refusons rien, dans un jour heureux comme celui-ci; admettons-la dans notre compagnie, & célébrons tous ensemble la naissance de ces trois petits Mignons-là.

ENTRÉE & BALLET des RIS, JEUX, &c.

CHŒUR.

Vive Arlequin ! tourelouribo !
Vivent Scaramouche & Pierrot !

UN RIS, *chantant*.

Qu'avec nous le joyeux Permesse
Fasse retentir son écho,
De ce nouveau cri d'alégresse :

CHŒUR.

Vive Arlequin ! tourelouribo !
Vivent Scaramouche & Pierrot.

UN RIS, *chantant*.

Que las de la triste harmonie
De Melpomène & de Clio,
Chacun chante, en suivant Thalie :

CHŒUR.

Vive Arlequin, tourelouribo !
Vivent Scaramouche & Pierrot !

UN RIS, *chantant*.

Venez, riantes Bagatelles,
Quintes, Caprices, Vertigo !
Emparez-vous de leurs cervelles !

COMÉDIE.

CHŒUR.

Vive Arlequin! tourelouribo!
Vivent Scaramouche & Pierrot.

UN RIS, *chantant.*

Qu'ils soient dignes fils de leur père!
Que cet agréable Trio
Fasse dire à la terre entière:

CHŒUR.

Vive Arlequin! tourelouribo!
Vivent Scaramouche & Pierrot.

[*La danse reprend, & est interrompue par un grand coup de tonnerre & des éclairs.*]

SCÈNE XV.

ATÉ, & les ACTEURS *de la Scène précédente.*

ATÉ.

COURAGE, enfans, courage! vous ne m'attendiez pas ici?

MOMUS.

Quelle diable de visite est ceci?

ATÉ

Parlez donc, Monsieur de la Plaisanterie, je vous trouve plaisant de donner des fêtes sans m'y inviter.

MOMUS.

Parbleu, Madame, on n'invite que ses connoissances; & le diable emporte qui vous connoît!

ATÉ.

Tu ne me connois pas, maraut? tu ne me connois pas? La redoutable Até, la Déesse du malheur? l'ennemie jurée des Ris, des Jeux, de toi, de ta femme, & de toute ta race? Tu ne me connois pas! [*La troupe des Ris, Jeux, &c. s'enfuit.*] Malheur à vous tous, tant que vous êtes! Je suis fille de la guerre, sœur de la peste, & mère de la famine!

MOMUS.

La belle parenté!

ATÉ.

C'est moi qui fais les procès, les dettes & les mariages.

MOMUS.

La belle besogne!

COMÉDIE.

ATÉ.

Qui ai mis sur terre les Conquérans, les Femmes & les Sergens.

MOMUS.

La bonne marchandise!

ATÉ.

On ne me connoît pas! on me va connoître! on me va connoître!

MOMUS.

Mais, Madame la Déesse de malheur, vous conviendrez que ce titre là n'est pas un billet d'entrée dans une fête; & que c'est plutôt un passeport pour aller à tous les diables où vous voulez bien que je vous envoie, au nom de la Compagnie.

ATÉ.

Poussez, Monsieur Momus; fort bien, poussez! j'aime à vous voir sur ce ton-là, plaisanter avec moi! cela est digne d'une tête sensée comme la vôtre. Je t'apprendrai que s'il ne faut pas m'inviter pour le plaisir que je fais, il faut m'inviter pour le mal que je puis faire. Tu vas voir beau jeu, attends! attends!

MOMUS.

Ah! Madame, point d'esclandre, on n'est ici que pour se divertir.

ATÉ.

Et voilà le mal justement. Qu'on se querelle, qu'on s'étrangle & qu'on se batte dans une maison, je la laisse en paix : voilà qui est bien. Mais qu'on y rie, qu'on y chante & qu'on y danse : point de pardon ; on me le payera ; allons ! allons ! tapage ! tapage !

MOMUS.

Ah! Madame, à quoi songez-vous ? Une jolie femme comme vous, faire tapage chez un brave Colonel ! Eh, mais ! ce seroit le monde renversé. Cela nous déshonoreroit tous les deux.

ATÉ.

Continue ! continue ! rira bien qui rira le dernier.

MOMUS.

Faisons mieux : rions tous autant les uns que les autres. Hola ! violons, gai ! qu'on se réveille ! Allons, mettons Madame en belle humeur. Madame, un petit rigaudon ! un petit rigaudon !

COMÉDIE.

ATÉ.

Attends, vieux fou! je vas te donner la bourrée à toi..... Mais non, pour te mieux punir, ce n'est pas à toi, c'est à tes magots d'enfans que je veux m'en prendre!

[*Elle avance vers les enfans qui crient.*]

MOMUS.

Ah! Madame, arrêtez! Je prends mon sérieux, puisque ma gaîté vous offense! si je vous ai déplu, les pauvres petits diables n'en peuvent mais...., ils sont innocens.....

ATÉ.

Qu'ils soient ce qu'ils voudront : ils sont à toi : ce sont tes fils : cela suffit. J'en veux au Père.

MOMUS.

Hélas! peut-être ne le suis-je pas?

ATÉ.

Peut-être aussi l'es-tu. Tout coup vaille! & premièrement Scaramouche ne sera....

MOMUS.

Madame Até!

ATÉ.

Qu'un bélitre, qu'un matamore & qu'un poltron.

MOMUS.

Voilà mon fils déshonoré!

ATÉ.

Pierrot......

MOMUS.

Madame Até!

ATÉ.

Qu'un butor, qu'un lourdaut, qu'un gueux & qu'un fainéant.

MOMUS.

Voilà un pauvre enfant à l'hôpital.

ATÉ.

Et ton petit drôle d'Arlequin......

MOMUS.

Madame Até!

ATÉ.

Aura tous les vices des deux autres, & sera encore, par-dessus le marché, un balourd & un frippon.

MOMUS.

Bon, voilà l'autre pendu!

ATÉ.

Ce seront en un mot, trois coquins, trois pendards, trois vagabonds; & afin qu'ils sentent dès à présent les effets de ma colère, je leur donne à tous trois, en ce moment, l'expérience & l'âge de trente ans. Adieu ! ris, chante & danse, maintenant.

[*Elle s'en va, & les trois enfans sautent à bas de leurs berceaux & paroissent sur pieds comme des hommes faits.*]

SCÈNE XVI.

MOMUS, LA MORALE, SCARAMOUCHE, PIERROT ET ARLEQUIN.

MOMUS.

AH, malheureux père ! mes chers enfans, vous me voyez au désespoir !

SCARAMOUCHE.

Que vous a-t-on fait ? Qui ? Qui est-ce ? Où est-il ? parle ! tue, tue, sabrons ! massacrons.

MOMUS.

Bon ! tue, tue, sabrons ! massacrons ! Notre ennemie craint bien les menaces ! vas !

SCARAMOUCHE.

Son nom ! c'est perdre temps en propos superflus.

MOMUS.

C'est une femme.

SCARAMOUCHE.

Une femme ! où est-elle ? Je veux faire le coup de pistolet avec elle. Où est-elle ?

MOMUS.

Elle sort d'ici, après m'avoir outragé sensiblement dans vos personnes.

SCARAMOUCHE.

Une femme ! par la mort-tête & la ventrebleu ! je cours après ! si je la trouve, je lui coupe, rasibus & d'un seul coup, le nez, la jupe & les oreilles.

(*Il sort.*)

MOMUS.

Voilà le Matamore ! impitoyable Até, ainsi donc on voit opérer déjà vos imprécations. Mes pauvres enfans ! que vous êtes à plaindre ! & que je suis...... [*Pierrot pleure, en jetant de haut cris.*] Ne voilà-t-il pas mon butor qui pleure comme un veau, sans savoir encore de quoi ; sors d'ici, nigaud,

nigaud, vas-t-en brailler plus loin. (*Il sort*) Hélas! leur indigne caractère paroît au jour aussi-tôt qu'eux. (*Surprenant Arlequin la main dans sa poche*) Que fais-tu là? toi!

ARLEQUIN.

Rien.

MOMUS.

Tu ne fais rien, fripon? La honte qui t'oblige à mentir, ne te fait-elle pas connoître que tu fais une mauvaise action?

ARLEQUIN.

Non, Pardi! cela (*montrant ses mains*) n'est-il pas fait pour prendre & pour empoigner? Or, quand il n'y a rien à prendre sur soi, il faut bien chercher à prendre ailleurs.

MOMUS.

La belle maxime! qu'en dites-vous, Madame la Morale?

LA MORALE.

Non, mon ami, non; le Ciel t'a donné ces mains pour travailler à gagner ta vie & non pas....

ARLEQUIN.

Des petits doigts comme ceux-là, pour travailler: ah! ah! conscience, Mademoiselle!

regardez-les donc bien : là, dites la vérité ; ne les trouvez-vous pas tout faits plutôt pour se glisser tout doucement dans le fond d'un petit gousset ? Et puis tenez, Mademoiselle, je me sens d'un naturel si lourd, si fainéant, que d'entendre seulement parler de travailler, les bras m'en tombent ; [*Il laisse tomber ses mains dans les poches de Momus*] & je les sens tout engourdis. Ne suis-je pas né pour ne rien faire, après tout ? Un fils de Colonel est Gentilhomme peut-être !

M O M U S, *lui trouvant ses mains dans sa poche.*

Tes mains ne sortiront pas de-là, coquin !

ARLEQUIN.

C'est pour les dégourdir.

MOMUS.

Madame la Morale, prenez pitié de lui, & sermonez-le moi de votre mieux.

LA MORALE.

Viens çà ! mon pauvre petit bon-homme, & dis-moi. Sais-tu bien où te mène cette inclination-là ?

ARLEQUIN.

Pardi : elle me mène directement à la poche des gens.

COMÉDIE.

LA MORALE.

Directement à la potence, malheureux que tu es!

ARLEQUIN.

Oh, que nenni; la première science d'un drôle qui dérobe, c'est de savoir d'abord se dérober à la Justice. La potence, à moi! bon pour quelque petit malheureux Larroneau de grand chemin, forcé par la misère à grapiller sur les passans. Mais je prétends, moi, prendre mon vol plus haut. J'espère voler tant & si bien, qu'il n'y aura rien à craindre. Allez, allez, Mademoiselle, quand j'aurai cent mille écus en caisse, dites que je suis un sot, si on me voit faire la capriole.

LA MORALE.

Supposons l'impunité, je le veux; & les remords?

ARLEQUIN.

Les remords? quelle bête est-ce-là?

LA MORALE.

Parle de bonne foi; ne te sens-tu rien là, dans le fond du cœur, quand tu veux voler, qui te dit que c'est mal fait, qui t'arrête, qui te retient la main?

ARLEQUIN.

Non, foi d'honnête homme, je n'y sens rien ; au contraire, je sens je ne sais quoi qui me la pousse ; ma foi, qui est ma foi jurer.

LA MORALE.

Tant pis ! car dis-moi une chose ; Quand tu auras bien pris de la peine à mettre en caisse tes cent mille écus ; qui te les prendroit ? là, voyons.

ARLEQUIN.

Qui me les prendroit ?

LA MORALE.

Oui, si quelqu'un te les ôtoit ?

ARLEQUIN.

Et qui cela ?

LA MORALE.

Un autre, aussi fripon que toi.

ARLEQUIN.

Ah ! vous me rassurez : je ne crains pas cela ; il n'y en aura point, & cela ne se peut !

LA MORALE.

Mais, si cela se pouvoit ? suppose ; Imagine-toi bien, par exemple, que tu as cent mille écus.

COMÉDIE.

ARLEQUIN.

Fort bien, voilà qui est fait; allons, je les ai.

LA MORALE.

Figure-toi qu'ils te font vivre à ton aise; bon feu, bon lit, bonne chère & bon vin.

ARLEQUIN.

Et bon vin! oui, du meilleur! ah quel plaisir!

LA MORALE.

Oh ça, tu vois bien, te voilà charmé! rien ne te manque; & tout cela, grâce à tes cent mille écus.

ARLEQUIN.

Encore, ne voulez-vous pas que je les aie?

LA MORALE.

Tu les as, j'en suis contente! il vient des voleurs une nuit qui te les emportent.

ARLEQUIN.

Au guet! au guet! au guet!

LA MORALE.

Attends, jusqu'au bout, mon ami; tu étois donc hier dans l'abondance; on te vole cette nuit; aujourd'hui tu te vois dans la misère.

ARLEQUIN.

Ahi ouf!

LA MORALE.

Comment trouves tu cela ? Voyons, que penses-tu de ceux qui t'emportent ton bien ?

ARLEQUIN.

Les bourreaux ! me raflent, en une nuit, ce que j'avois amassé, avec bien de la peine, depuis trois ans que je suis dans les affaires. Pardi, oui, c'est être bien méchant, bien maudit !

LA MORALE.

Eh bien....

ARLEQUIN.

Je vois où vous en voulez venir. Je suis un de ces pendards là, je ne vaux rien ; je me condamne, je m'exécute : oui, vous avez raison, Mademoiselle ; que je suis malheureux d'être un fripon ! Ah ! si j'étois riche !   [*Il pleure.*]

MOMUS, *baisant la main de la Morale avec transport.*

Courage ! Madame, que je vous ai d'obligation ! poursuivez ! vous l'avez attendri ! vous avez déjà touché son cœur, il se corrigera par vos soins ; & malgré la force du penchant... (*il le surprend encore la main dans sa poche.*) Heim ! je t'y rattrape ! misérable !

ARLEQUIN.

La force du penchant! vous avez bien raison, mon père, oui, ma foi, continuez: la force du penchant!

MOMUS.

Que dites-vous de vos leçons, Madame la Morale, & vous prétendez corriger les hommes pourtant?

LA MORALE.

Patience aussi! écoute Arlequin.

MOMUS.

Oui, oui, écoute, écoute! vas.

LA MORALE.

Écoute, te dis-je!

ARLEQUIN, *flairant en l'air de tous les côtés.*

Attendez, attendez, Mademoiselle..... parlez maintenant.

LA MORALE.

Puisque tu connois toi-même..... (*Arlequin recommence à flairer comme auparavant.*) ho! mais, écoute-moi donc, si tu veux; que cherche-t-il du nez? Que sens-tu? (*Il s'en va.*) Où vas-tu?

MOMUS.

Eh, ne sentez-vous pas bien l'odeur du rôt, qui vient de s'exhaler tout-à-coup jusqu'ici, & qui mène, par le nez, mon gourmand, tout droit à la cuisine? Ah, cruelle Até!

SCÈNE XVII.

MOMUS, LA MORALE.

MOMUS, *continue.*

J'ai fait une bonne journée ! qu'en dites vous ? trois jolis enfans, en vérité ! le dernier lui seul est, pour sa part, balourd, fainéant, poltron, gourmand & fripon.

LA MORALE.

Quand un mal est encore dans sa naissance, on peut y remédier.

MOMUS.

Oh! voici Madame la Philosophe, avec ses graves sentences qu'elle croit des selles à tous chevaux ! voyons que dira-t-elle encore ? Que ferez-vous ? Quel remède apporterez-vous à tout ceci ?

LA MORALE.

Un remède bon & efficace. Premièrement, je vous promets que les Ris, les Jeux & moi nous n'abandonnerons pas d'un instant les enfans.

MOMUS.

Après ? c'est déjà quelque chose.

COMÉDIE.

LA MORALE.

Bien plus ; en reconnoissance de la grâce que vous m'avez faite aujourd'hui, je vais tout-à-l'heure engager les trois Grâces, à recevoir vos trois fils pour époux. Je veux qu'ils aient chacun la leur.

MOMUS.

Pas une des trois Grâces voudra-t-elle de mon petit fripon d'Arlequin.

LA MORALE.

Ce sera le mieux partagé de ses frères ; &, moyennant cette alliance & notre compagnie, je prétends qu'ils m'aident souverainement à corriger les vices, & à chasser l'ennui du cœur des malheureux mortels, suivant l'Oracle de leur destinée.

MOMUS.

Vous me promettez des merveilles ! mais si....

LA MORALE.

Soyez tranquille. Je ne promets rien à l'étourdie ; je vous quitte, pour vous ramener dans un moment avec les Ris & les Jeux, qu'Até a mis en fuite, les trois épouses que je destine à vos fils. [*Elle s'en va*].

MOMUS.

Que je serois consolé si.... Mais j'apperçois Esculape & la Nourrice qui se querellent.

SCÈNE XVIII.

MOMUS, ESCULAPE, MATHURINE.

ESCULAPE.

Ouida, ouidà, j'exposerai des nourrissons de cette importance-là, à du lait comme le vôtre ! attendez-vous-y. Point de pardon ! congé ! congé !

MATHURINE.

Mais, quand je vous promets que de ma vie.....

ESCULAPE.

Tout à votre aise, à cette heure, m'Amie ; tout à votre aise. Je vous mets la bride sur le cou ! ah ! je vous apprendrai à vous moquer de ce que je vous dis !

MATHURINE.

Quand je vous dis que je n'ons rien fait contre l'ordonnance ; c'est Gros-Jean qui m'étoit venu voir, pour une petite affaire de ménage....

ESCULAPE.

Cette petite affaire de ménage-là gâte toutes les nôtres. Suffit que vous l'avez vu, c'est assez ; je vous l'avois défendu. Vous êtes jeunes, la vue meut les puissances, les esprits se réveillent, le sang s'agite, un lait s'échauffe, & voilà tout le sein de ma Nourrice en désordre. Je ne veux point de cela. Ah, Momus, je vous rencontre ! je vous avertis qu'il vous faut une autre Nourrice.

Momus.

Et moi, je vous avertis que....

Esculape.

Nous ne songions pas, en choisissant une femme à la campagne, que ce sont des créatures sujettes, pour la plupart, à aimer leurs Maris.

Mathurine.

Eh bien oui, pis qui faut tout dire, j'aime le mien ; je ne l'ai épousé que pour ça, & ça est permis aux pauvres gens. Dame, itou, je ne vous connois pas vous autres gros Messieux aveuque vos emplâtes de Médecins. Il faut bien dé façons pour vos marmousets d'enfans. Je ne sais donc pas comment vous les bâtissez ! je ne choyons pas tant les nôtres, & s'il avont de bons gros membres bian aussi drus que ceux-là des Gentizhommes de qualité. Oh bian ! tenez ; je me dépite à la parfin. Je ne sis pas Nourrice pour un jour eune fois ! m'en v'la pour un an ; l'année a douze mois,

Diantre ! j'aurions belle patience. Parlons à la franquette : ardé, Monsieu, c'est folie de vous rian promettre, je le sens bian. Ce qui ne se peut, ne se peut. Que Madame garde ses enfans, moi, mes moutons, & li ses belles chiennes d'ordonnances ; chacun le sien ce n'est pas trop : si tout chacun, comme dit l'autre, faisoit son métier les vaches seroient mieux gardées. J'ai bian gagné les six journées que j'ai été cians. Vous m'avez baillé de l'argent : je l'ai pris : bon soir & grand'-merci ; me voilà partie ! [*Elle s'en va.*]

SCÈNE XIX.
MOMUS, ESCULAPE.
MOMUS.

TA, ta, ta, ta, ta ! qu'en dites-vous, Mons le Médecin ? Ne seroit-ce pas là une bonne drogue pour guérir la migraine ?

ESCULAPE.

Ohça, songeons à vous trouver trois Nourrices.

MOMUS.

Laissez, laissez : mes enfans n'en ont plus besoin ; si ce n'est pour ceux qu'ils auront peut-être bientôt.

ESCULAPE.

Que voulez-vous dire ?

MOMUS.

Que je les viens de marier.

ESCULAPE.

Je le crois bien, vous êtes assez grand Seigneur, pour marier vos enfans dès le berceau. Mais cela ne nourrit pas ; trouvons toujours des Nourrices.

MOMUS.

Il feroit beau, les voir tetter, avec de la barbe.

ESCULAPE.

Qu'appelez-vous de la barbe ?

MOMUS.

Oui, de la barbe : apprenez que mes enfans ont trente ans, depuis un quart d'heure qu'ils sont au monde.

ESCULAPE.

Monsieur le Colonel, vous me voulez escamotter quelque prise d'ellébore !

MOMUS.

Je ne radotte point. C'est un effet de la toute-puissance d'Até. Leur mariage est fait : & sera bientôt parfait. Tenez, les voici ; ne les trouvez-vous pas de taille à se tirer d'affaire ?

SCÈNE XX & dernière.

MOMUS, LA MORALE, SCARAMOUCHE, PIERROT, ARLEQUIN, les trois GRACES, *habillées en Scaramouchette, Arlequine, & Pierrette*, TROUPE de Ris, &c.

LA MORALE *à Momus, en lui présentant les trois Grâces.*

VOILA, Seigneur Momus, les trois charmantes Brus que je vous ai promises. Vous voyez par ces habits, qui sont de leur choix, la satisfaction qu'elles ont du nôtre : ne songeons qu'à célébrer une si belle union, & reposez-vous sur moi du soin de la rendre heureuse.

Danse de Scaramouche, Pierrot & Arlequin, seuls.

UN RIS, *chantant.*

Du grand Momus, enfans joyeux !
Race comique & vagabonde !
Errez sur la terre & sur l'onde !
Et suivis des Ris, des Jeux,
Conduisez-les par-tout le monde !

COMÉDIE.

Au Dieu des Amans,
Soyez sûrs de plaire !
Il aime les gens
De son caractère ;
Pour un rien il fuit.
Rien ne lui suffit :
Il tromperoit sa mère.
Rien n'est si poltron,
Si glouton,
Si fripon,
Que le Dieu de Cythère.

VAUDEVILLE.

Iris dit souvent à Lysandre :
Éloigne-toi ; je suis trop tendre !
Tes feux me joueroient quelque tour.
Le Berger voudroit s'en défendre,
Mais en fuyant il fait sa cour.
    Rien n'est si poltron,
Flon, flon, flon, ton relon ton, ton,
Rien n'est si poltron que l'Amour.

Cueillant seule au bois la noisette,
Quoiqu'elle en eût plein sa pochette,

Et qu'elle en eût pour plus d'un jour ;
Lise n'étoit point satisfaite,
Et se plaignoit de son amour.
 Rien n'est si glouton,
Flon, flon, flon, ton relon ton, ton,
Rien n'est si glouton que l'Amour.

Sous son petit panier, Jeannette
Tenoit cachée un fauvette ;
Colin rôda tant à l'entour,
Qu'il l'attrapa, puis fit retraite :
On l'appelle envain ; il est sourd.
 Rien n'est si fripon,
Flon, flon, flon, ton relon ton, ton,
Rien n'est si fripon que l'Amour.

F I N.

www.ingramcontent.com/pod-product-compliance
Lightning Source LLC
Chambersburg PA
CBHW070359230426
43665CB00012B/1183